U0590288

数字经济时代企业市场营销发展研究

乔婷婷　著

中国商业出版社

图书在版编目（CIP）数据

数字经济时代企业市场营销发展研究 / 乔婷婷著.
北京 ： 中国商业出版社，2024. 11. -- ISBN 978-7
-5208-3268-7

Ⅰ. F274

中国国家版本馆CIP数据核字第20245QP430号

责任编辑：王　静

中国商业出版社出版发行

（www.zgsycb.com 100053 北京广安门内报国寺1号）

总编室：010-63180647　编辑室：010-83114579

发行部：010-83120835/8286

新华书店经销

河北万卷印刷有限公司印刷

*

710毫米×1000毫米　16开　14.75印张　210千字

2024年11月第1版　2024年11月第1次印刷

定价：88.00元

* * * *

（如有印装质量问题可更换）

·前　言·

随着数字经济的迅速发展，企业市场营销迎来了前所未有的变革。数字技术的广泛应用，不仅改变了消费者的行为方式，也深刻影响了企业的市场营销策略和模式。从互联网的普及到移动互联网的崛起，再到人工智能、大数据和区块链技术的应用，数字经济正在不断重塑市场营销的生态系统。传统的市场营销理论和方法在面对快速变化的市场环境时，显得日益不足，这对企业提出了更高的要求，要求其在新形势下重新审视和调整营销策略。本书正是在这样的背景下展开研究的。

本书共七章，系统地探讨了数字经济时代企业市场营销的各个方面。第一章是数字经济时代企业市场营销概述，介绍了数字经济的基本概念、数字经济时代企业市场营销的变化以及数字营销的概念与发展。第二章聚焦于数字经济时代的客户分析，探讨了数字经济时代客户数据的收集与整理、需求与行为分析。第三章介绍了数字经济时代企业市场营销组合策略，包括产品策略、定价策略、渠道策略和促销策略。第四章探讨了数字经济时代企业市场营销模式之直播营销的概念及其活动策划，提出了直播营销效果的提升策略。第五章探讨了数字经济时代企业市场营销模式之社群营销的概念、社群的构建与运营及其社群营销的实现。第六章重点分析了数字经济时代企业市场营销模式之移动营销的概念和市场营销策略，包括基于 App 和手机二维码的市场营销策略。第七章从加强市场营销风险管理、建立营销绩效评价体系和推进营销人才队伍建设等三个角度提出了数字经济时代企业市场营销的优化策略。

本书内容系统全面，涵盖了数字经济时代企业市场营销的各个主要方面，从基础理论到实际应用，进行了全面的探讨。本书注重前沿性和创新性，探讨了多种新兴的营销模式及其策略，如直播营销、社群营销和移动营销等，帮助企业把握最新的市场趋势。本书不仅适合企业管理者和市场营销人员阅读，也为高等院校相关专业的师生提供了宝贵的参考资料。希望本书能够为企业在数字经济时代的市场营销实践提供有益的启示和帮助。

由于时间、水平有限，书中难免存在不足之处，恳请广大读者批评指正，以便在未来的研究中不断完善和提高。

乔婷婷

2024 年 6 月

▪ 目　录 ▪

第一章 数字经济时代企业市场营销概述

第一节 数字经济概述

一、数字经济的概念

数字经济是继农业经济、工业经济之后一种全新的经济社会发展形态。学术界对于数字经济的概念主要有以下几种观点。

第一，数字经济是以知识为基础，在数字技术（特别是在计算机和因特网）催化作用下，在制造领域、管理领域和流通领域以数字化形式表现的新经济形态。这一概念包括三个方面：在形式上表现为商业经济行为的不断数字化、网络化和电子化，即电子商务的蓬勃发展；在内容上体现为传统产业的不断数字化以及新兴数字化产业的蓬勃发展；实质是在以创新为特征的知识社会中，当以1和0为基础的数字化技术发展到一定阶段，信息数字化扩展到整个经济社会的必然趋势。

第二，数字经济就是在数字技术的基础上形成的经济，是数据信息在网络中流行而产生的一种经济活动，其基本特征主要有三点：①数字技术在大范围内被推广使用，使得经济环境与经济活动发生了根本性改变；②经济活动在现代信息网络中发生的频率提高；③信息技术使经济结构得以优化，并有效地推动了经济增长。

第三，数字经济是以信息以及数字化知识为核心生产要素，依托于互联网，在数字技术驱动下形成的经济形态。

虽然以上定义各有侧重，但都认为数字经济是一种基于数字技术的经济。目前，较为权威的概念是2016年G20峰会发布的《二十国集团数字经济发展与合作倡议》中提出的，数字经济是指以使用数字化的知识和信息作为关键生产要素，以现代信息网络作为重要载体，以信息通信技术的有效使用作为效率提升和经济结构优化的重要推动力的一系列经济活动。[①]

对数字经济的这一概念可以从以下几个方面理解。

（1）数字经济的关键生产要素是数字化的知识和信息。在传统经济模式中，土地、资本是主要的生产要素，而在数字经济中，数字化的知识和信息成为新的生产要素。知识和信息通常是经过处理、分析和解释后的数据，具有更高的附加值和应用价值。数字化的知识和信息是指通过数字技术处理、存储和传播的知识和信息，具有极强的扩展性和传递性，它们不仅可以被快速复制和传播，而且在使用的过程中不会被消耗，从而能够创造出更多的价值。

（2）数字经济的重要载体是现代信息网络。现代信息网络包括互联网、移动通信网络、物联网等，它们为数字化知识和信息的传播、交换和应用提供了基础设施。现代信息网络的普及，不仅提高了信息传递的速度和效率，还降低了信息传递的成本，从而为数字经济的发展打下坚实的基础。通过现代信息网络，数字经济能够更好地实现资源的优化配置，提高社会整体的生产和生活效率。

（3）数字经济的核心推动力是信息通信技术。信息通信技术是指所有与信息处理、传输和通信相关的技术和工具的集合，主要包括计算机技术、通信技术和相关服务等。信息通信技术的进步不仅提高了信息处理的效率和速度，还大大扩展了信息的应用范围，使经济活动的各个环节更加紧密地相互连接。

（4）数字经济的目标使命是提升效率及优化经济结构。提升效率包括降低生产成本、缩短生产周期、提高产品质量和服务水平等。优化经济结构则是指通过数字化转型推动传统产业升级，培育新兴产业，促进

[①] 中华人民共和国国家互联网信息办公室.二十国集团数字经济发展与合作倡议[EB/OL].（2016-09-29）[2024-7-3]. https://www.cac.gov.cn/2016-09/29/c_1119648520.htm.

产业结构的多元化和高端化。通过提升效率和优化经济结构，数字经济为经济增长和社会进步提供了强大的动力。

二、数字经济的特点

（一）数字经济是去中介化的虚拟经济

去中介化主要是指在数字经济的背景下，通过信息通信技术的应用，减少或消除经济活动中的中间环节，直接连接产品或服务的提供者与需求者。在传统经济中，由于信息不对称和交易成本的存在，中介机构如批发商、零售商、银行等发挥着重要作用。然而，在数字经济中，大数据、云计算等技术的应用极大地降低了信息获取和交易执行的成本，消费者可以直接通过数字平台接触到产品和服务提供者，实现点对点的交易，从而绕过传统的中介环节。去中介化为消费者和生产者带来了更大的便利和价值。对消费者而言，他们能够更直接、更快速地获取所需的产品和服务，享受更低的价格和更高的透明度；对生产者而言，直接面对消费者意味着更快的市场响应速度和更灵活的产品调整能力。另外，数字经济是虚拟经济，与线下的物理空间中的现实经济相对应、相并存、相促进。它是指在数字技术下数字网络构筑的虚拟空间中进行的经济活动，经济的虚拟性更多源于转移到线上网络空间经济活动的虚拟性，而并不是指期货、期权等虚拟资本形成的真实的虚拟经济。

（二）数字经济是合作大于竞争的开放经济

在数字经济时代，由于技术的快速发展和应用场景的多样化，单一企业很难独立满足市场的复杂需求，因此，跨界合作成为常态。企业之间通过技术共享、数据互联互通、资源共建共享等方式，形成了一种以合作为基础的竞争关系，推动了创新的发生和产业的升级。这种合作大于竞争的特征，不仅存在于企业之间，也体现在企业与消费者、政府等多方的互动中。数字技术的开放性和互联互通性使得各方能够更容易地参与到经济活动中，共同创造价值。例如，开放的创新平台允许外部开发者和用户参与到产品设计和改进过程中，这种创新模式加速了新产品的研发和市场推广。此外，数字经济还推动了全球化合作。互联网使得信息传播和资源流动不再受地理因素限制，企业可以在全球范围内寻找合作伙伴，共同开发市场，分享利润。这种开放和合作的经济模式不仅加速了全球经济的一体化进程，也使得应对全球性挑战成为可能。

（三）数字经济是速度型经济

数字经济成为速度型经济，主要由数字经济的规模报酬递增和其外部性特征所驱动。在这个快速变化的时代，企业能否迅速达到规模经济，往往决定了其在市场上的竞争力。随着数字技术的不断进步，信息传输和产品更新换代的速度显著加快，使创新周期不断缩短，竞争逐渐演变为时间的竞赛。无论是制造业还是服务行业，能够快速收集、处理和应用大数据，将复杂数据转化为有用的知识和信息，以满足消费者个性化需求的企业，将更有可能在竞争中取得领先。因此，数字经济不仅强调质量，而且重视速度，它通过快速响应市场变化，提供即时的产品和服务，满足消费者的即时需求，从而推动经济高效运行。这种速度优势是数字经济区别于传统经济的关键特征，也是推动其快速发展的主要原因。

（四）数字经济是持续创新型经济

数字经济的核心动力在于其不断创新，这促使它成为一个持续创新型经济体系。在这个体系中，技术进步和商业模式的更新换代成为常态，企业和个体为了适应和引领市场变化，不断探索新的可能性。数字技术的迅猛发展，为创新提供了无限的空间和工具，从而加速了产品和服务的迭代速度。这种创新不仅限于技术层面，更包括用户体验、市场策略和组织管理等多个维度。随着消费者需求的多样化和个性化趋势日益明显，企业为了满足这些需求，必须持续创新，以提供更加精准和高效的解决方案。同时，数字经济的开放性促进了跨行业、跨领域的合作，为创新活动注入了新的活力，使知识、技术和数据资源能够在更广的范围内流动和结合，进一步推动了创新的深度和广度。因此，持续创新成为数字经济发展的关键驱动力，它不仅是企业竞争力的源泉，也是数字经济持续健康发展的保障。

（五）数字经济是供给和需求的界限日益模糊的经济

在传统经济模式中，供给侧和需求侧往往被清晰地划分，但数字经济的快速发展已经打破了这一界限。供给和需求现在更趋向于融合，逐渐塑造出"产消者"这一新角色。在供给侧，新兴技术如大数据和 3D 打印使企业能够更灵活地应对消费者需求，从而开发更有针对性的产品或服务。这不仅满足了市场需求，也改变了行业内的价值链。大数据技术能够精准地捕捉消费者的行为和偏好，进而指导产品设计和生产，而 3D 打印技术则允许更高程度的个性化。同样，在公共服务领域，政府也通过分析经济社会数据来更精准地进行政策决策。在需求侧，透明度的提升和消费者参与度的提高使供应商必须调整自己的操作模式。消费者现在拥有更多的信息和选择权，从而对供应侧产生更大的影响。新的消费模式，如共享经济，进一步模糊了供需双方的界限。这些变化不仅影响了产品和服务的设计、推广和交付，也重新定义了供应链和价值链，导致形成了更加动态和互联的经济生态系统。因此，供给和需求之间界限的模糊是数字经济发展中的一大特点，它要求各方适应这种趋势，重新思考经济行为和商业模式。

（六）数字经济是普惠化经济

数字经济通过其独特的技术优势和广泛的应用场景，极大地降低了信息获取和交易成本，使更多的人能够享受到经济发展的成果。这种普惠性质主要表现在以下三个方面。第一，数字技术的普及使小微企业和个体经营者能够借助电子商务平台、社交媒体等工具，以较低的成本进入市场，拓宽销售渠道，提升竞争力。第二，数字金融的发展为广大用户提供了更加便捷和安全的金融服务，特别是在偏远地区，数字金融成为连接传统金融服务与广大没有使用银行服务的人群的重要桥梁。第三，数字经济推动了教育、医疗等公共服务的数字化转型，通过在线教育、远程医疗等形式,打破了地域和物理条件的限制,使更多人能够享受到优质的教育和医疗资源。这种普惠性不仅提高了社会整体的生活水平,也为经济的可持续发展注入了新的动力。通过不断深化的数字化应用和创新,数字经济正在成为推动社会全面进步、实现普惠发展的重要力量。

三、数字经济的发展历程

从技术角度来看,数字经济经历了三个大的发展阶段:数字经济 1.0 阶段、数字经济 2.0 阶段和数字经济 3.0 阶段,如图 1-1 所示。

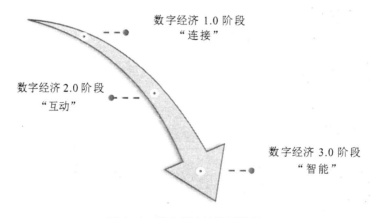

图 1-1　数字经济的发展阶段

(一)数字经济 1.0 阶段

数字经济 1.0 阶段,也称为数字经济的第一阶段,可以追溯到 20 世纪 70 年代到 90 年代,主要是以电脑和互联网的普及为标志。这个阶段的关键词是"连接",其核心是通过数字化手段将人、数据和设备连接起来。

在数字经济 1.0 阶段,一系列数字化技术和产品得以诞生并迅速发展。其中,个人计算机和互联网技术的广泛应用,是这一阶段最明显的标志。个人计算机的普及,使得数字技术开始深入生活的方方面面,让更多的人有机会接触和使用数字产品。互联网技术的发展,使得信息的传播速度和范围得到了前所未有的提升,也使人们的生活方式发生了重大的变化。

在这个阶段，人们利用数字技术进行信息的获取、处理和传播，极大地提高了生产力和生活质量。同时，数字技术的应用，也催生了一批新兴的数字产业，如软件开发、网络服务等，这些产业在短时间内快速发展，成为经济增长的新引擎。

（二）数字经济 2.0 阶段

数字经济 2.0 阶段，也称为数字经济的第二阶段。与数字经济 1.0 阶段的"连接"不同，数字经济 2.0 阶段的关键词是"互动"。

移动互联网的崛起，使数字经济的影响力进一步扩大，生活的各个方面都被数字化渗透。人们通过智能手机、平板电脑等移动设备，随时随地地获取信息、购物、支付、学习、娱乐，甚至社交。这种全面的、随时随地的"互动"成为数字经济 2.0 阶段的显著特点。

数字经济 2.0 阶段的发展，不仅极大地改变了人们的生活方式，也给经济社会发展带来了深远的影响。新的商业模式如电商、共享经济、社交电商等应运而生，成为经济增长的新动力。同时，一些传统行业也因为数字化的影响，开始进行深度的转型和升级。

（三）数字经济 3.0 阶段

2019 年，随着 5G 商业应用的落地，互联网的基础设施从 4G 成功升级为 5G。5G 的超高速率、超低时延、超高密度等特点将成为大数据、人工智能、云计算等技术发展过程中重要的网络基础设施。这顺利地将数字经济 2.0 推进到数字经济 3.0。

在数字经济 3.0 阶段，大数据、人工智能、云计算等新兴技术的广泛应用，进一步推动了数字经济的发展。这些技术不仅提高了信息处理的效率，也使得信息更加有价值。特别是人工智能技术，通过学习和模拟人类的认知过程，为数字经济的发展提供了一种全新的决策支持工具，使数字经济呈现出"智能"的特点。

第二节　数字经济时代企业市场营销的变化

一、数字经济时代企业市场营销环境的变化

企业市场营销环境的变化会直接影响企业的营销策略和营销效果，因此企业必须密切关注和适应这些变化，以保持竞争力和实现可持续发展。下面从宏观环境和微观环境两个角度，探讨数字经济时代企业市场营销环境的变化，并分析这些变化对企业市场营销活动的影响。

（一）宏观环境

1. 政治法律环境

（1）政治环境。政治环境指的是一个国家或地区的政治制度、政治体制、政府政策、政治稳定性、国际关系以及政治力量对比等因素所构成的环境。

从政治环境看，我国政府为企业的市场营销创造了一个稳定而有利的政治环境。具体体现如下：第一，我国一贯支持和维护以世界贸易组织为核心的多边贸易体制，积极参与全球经济治理和规则制定。这种支持确保了国际贸易体系的稳定性和可预测性，降低了企业在国际市场运营中的风险。对于企业来说，稳定的多边体制有助于市场营销策略的长远规划和执行，提高了国际营销活动的可行性和有效性。第二，我国政府通过一系列政策措施，持续推动贸易和投资的自由化与便利化。例如，自贸区的设立和扩大、关税减免、简化跨境电商流程等。这些措施大大降低了企业进入国际市场的门槛和成本，增强了市场营销的灵活性和竞争力。企业可以更便捷地进行国际营销活动，拓展全球市场，提升品牌影响力和市场份额。第三，在全球经济合作中，我国积极推动国际经贸规则的改革和完善，倡导权利平等、机会平等和规则平等。这为企业提供了一个公平竞争的国际环境，有助于企业在全球市场中公平竞争，发挥自身优势。

（2）法律环境。法律环境是指企业所处的国家或地区的法律、法规、司法体系以及法律执行力度等因素所构成的环境。法律环境对企业行为具有强制性的约束力，它规定了企业可以做什么、不可以做什么以及必须做什么，是企业运营和市场营销活动必须遵循的规范。数字经济时代，企业面临的法律环境具有以下特点。

①法律法规更加完善。随着数字经济的快速发展，相关法律法规也在不断完善中，我国政府出台了一系列法律法规，以规范市场秩序、保护消费者权益，保障数据安全。

在数据保护和隐私方面，我国出台的《中华人民共和国个人信息保护法》明确了数据收集、处理、存储和传输的规范，要求企业保护用户数据的安全和隐私。企业在进行市场营销时，必须确保用户数据的合法获取和使用。例如，企业在收集用户信息时需明确告知用户，并获得其同意；在数据使用过程中，应确保数据的安全性和隐私性，避免数据泄露和滥用。这促使企业采用更加合规的营销策略，如使用加密技术保护用户数据，以及在数据分析和使用时遵循最小化原则。在知识产权保护方面主要有《中华人民共和国著作权法》《中华人民共和国专利法》《中华人民共和国商标法》等，要求企业在市场营销中必须确保所使用的内容和技术都是合法的，避免侵权纠纷。在电子商务方面主要有《中华人民共和国电子商务法》，要求企业在网络平台上进行营销时，必须提供真实、准确的商品信息，保障消费者的知情权和选择权，还规定了电子商务经营者的责任和义务，如保护消费者权益、提供售后服务等。这促使企业在市场营销中注重诚信经营，提高商品质量和服务水平，以满足消费者的需求和期望。此外，还有《中华人民共和国反不正当竞争法》。在数字经济时代，不正当竞争行为可能更加隐蔽和复杂，《中华人民共和国反不正当竞争法》要求企业在市场营销中保持诚信，不得采用欺骗、误导等手段。因此，企业需要加强自律，确保市场营销活动的真实性和合法性，同时积极维护自身权益，打击不正当竞争行为。

②法律监管进一步加强。数字经济时代，法律监管的力度不断加强，具体体现在以下两个方面。一是执法力度的提升。为了确保法律法规的

有效实施，执法部门加强了对违法行为的查处力度。通过提高执法效率、加大处罚力度、强化跨部门协作等方式，执法部门有力打击了各类违法违规行为，维护了市场秩序和消费者权益。二是监管范围的扩大。随着数字经济的普及和深入发展，监管范围也逐渐扩大。从传统的商品交易、广告宣传到新兴的互联网金融、大数据应用等领域，都被纳入监管范围。这种全方位的监管要求企业在进行市场营销活动时，必须严格遵守相关法律法规，确保活动的合法性和规范性。

③法律风险进一步增加。数字经济领域涉及的技术复杂、交易模式多样，使企业在市场营销过程中面临更多的法律风险。例如，数据泄露、侵犯知识产权、不正当竞争等法律纠纷频发，给企业带来较大的经济损失和声誉损害。因此，企业需要加强法律风险防范意识，建立健全的法律风险管理体系，确保市场营销活动的合法合规性。

2. 经济环境

经济环境是指影响企业和市场运行的各种经济因素和条件的总和，包括一个国家或地区的经济状况、经济政策、经济制度以及市场机制等方面的内容。数字经济时代，企业市场营销面临的经济环境发生了显著变化，主要体现在以下几个方面。

（1）经济全球化进程加快。数字经济提供了无限的机遇和创造力，打破了时间和空间的限制，加速了全球化的进程。具体体现在以下几个方面。①跨国企业的迅速扩展和融合。随着全球市场的开放和贸易壁垒的降低，跨国企业能够更容易地进入新市场，通过收购本地公司、建立合资企业等方式实现快速扩展。跨国企业之间的战略合作也变得更加普遍。跨国企业通过资源共享、技术互补等方式，共同开拓市场。全球范围内的市场渗透速度加快，跨国企业可以更快速地将产品和服务推广到不同国家和地区。②全球贸易更加繁荣。电子商务平台的兴起打破了传统贸易的地理限制，使商品和服务能够跨越国界，实现即时交易。数字支付技术的广泛应用进一步简化了跨境支付流程，降低了跨境交易的成本和风险，加速了资金流动。数字经济还推动了全球供应链的优化，通过实时数据分析和智能物流系统，提高了供应链的效率和透明度。这些因素共同促进了全球贸易的发展，加速了经济全球化的进程。③全球化的文化交流与融合。数字经济时代，通过互联网和数字媒体，世界各地的人们可以轻松地接触和了解不同国家和地区的文化、习俗和生活方式。流媒体平台使影视、音乐和其他文化产品能够迅速在全球传播，形成了全球化的文化潮流。社交媒体平台上的互动也促进了不同文化之间的交流和理解，推动了文化多样性的认同和尊重。

经济全球化对企业的市场营销产生了深远影响。随着全球化的不断发展，企业面临着越来越多的挑战和机遇，具体体现在以下几个方面。

第一，市场竞争加剧。随着经济全球化的深入，企业面对的竞争环境变得更加复杂，竞争也变得更加激烈。全球市场的开放使得企业不仅要与本地竞争者对抗，还要面对来自不同国家和地区的竞争者。这种激烈的竞争要求企业不断创新，以提升产品和服务质量来保持竞争力。

第二，消费者需求多样化。经济全球化使得不同国家和地区的消费者需求呈现出多样性。各国的文化、经济水平和生活习惯等差异导致消费者对产品和服务的偏好各不相同。企业必须进行深入的市场调研，了解不同市场的消费者需求和购买行为，从而开发出符合各地消费者期望的产品和服务。

第三，品牌影响力增强。全球化为企业品牌提供了更广阔的舞台，企业可以通过全球市场的扩展提升品牌影响力。利用全球化带来的传播渠道，企业可以通过广告、促销、赞助国际性活动等手段，迅速提高品牌知名度和美誉度。

第四，国际合作机会增多。经济全球化为企业提供了更多的国际合作机会，使企业能够与来自不同国家和地区的企业合作，共同开发新产品和服务，从而充分利用各方的优势，提升创新能力，拓展市场。

（2）新型商业模式不断涌现。数字经济催生了众多新型商业模式，如共享经济模式、平台经济模式、订阅经济模式等，这些模式彻底改变了传统商业的运营方式和营利逻辑。企业不再局限于传统的生产销售模式，而是可以通过平台化运营、数据驱动决策、个性化定制等方式，实现更高效、更灵活的市场营销。具体来说，新型商业模式对企业市场营销的影响主要体现在以下几个方面：①新型商业模式使企业能够更加准确地了解用户需求和市场细分情况。通过大数据分析，企业可以识别出具有相似需求的消费者群体，从而制定更加精准的营销策略，提高营销效果。②新型商业模式催生了新的营销渠道，这些新兴渠道具有传播速度快、互动性强、成本低等特点，为企业提供了更加高效、便捷的营销手段。③新型商业模式使企业能够更加精准地量化和评估营销效果。通过在线广告投放、社交媒体营销等手段，企业可以获取详细的用户行为数据，如点击率、转化率等，从而评估营销活动的成效，并据此调整营销策略。④新型商业模式通过优化资源配置和提高运营效率，降低了企业的营销成本。例如，共享经济模式通过共享闲置资源，降低了企业的固定成本；订阅经济模式通过提供定期、可预测的收入流，降低了企业的市场风险和市场开发成本。

（3）经济结构的优化升级。数字经济时代，传统产业与数字技术的深度融合，推动了制造业、服务业等行业的数字化转型和智能化升级。新兴产业如人工智能、大数据、云计算、物联网等快速发展，成为经济增长的新引擎。经济结构的优化升级为企业市场营销带来了新的机遇和挑战。一方面，企业可以利用数字技术提升产品和服务的质量与效率，增强市场竞争力；另一方面，企业需要不断调整市场定位，拓展新的市场领域，以适应经济结构的变化。

3. 社会环境

社会环境是指社会中影响企业运营和市场营销活动的各种社会因素和条件，包括人口结构、社会价值观、文化习俗、消费者行为、教育水平、生活方式等。社会环境是企业外部环境的重要组成部分，对企业的市场营销策略和决策有着深远的影响。企业需要深入了解和适应社会环境的变化，以满足消费者需求和提升市场竞争力。

在数字经济时代，社会环境对企业市场营销的影响更加显著和复杂。

（1）消费者行为的变迁。消费者行为在数字经济时代发生了显著变化。在线购物、移动支付、社交媒体和数字化生活方式的普及，使得消费者的购物方式和信息获取方式变得更加便捷和多样化。消费者越来越期望企业提供个性化、即时满足的产品和服务。企业需要利用大数据和人工智能技术分析消费者行为，制定精准的市场营销策略，满足消费者的个性化需求。

（2）社会价值观的演变。社会价值观在数字经济时代不断演变，环保意识和可持续发展理念日益深入人心。消费者更加关注企业的社会责任和环保实践，期望企业在市场营销中展示其在环保、社会责任和可持续发展方面的努力。多元化和包容性成为社会主流价值观，企业在市场营销中需要展示对不同文化和群体的尊重和支持，以树立良好的企业形象和品牌声誉。

（3）数字文化的兴起。数字文化在数字经济时代迅速兴起，社交媒体、短视频平台和直播等成为企业与消费者互动的重要渠道。企业需要利用这些平台进行品牌推广和产品宣传，通过内容营销、互动营销和用户生成内容等方式增强消费者的参与感和忠诚度。网红经济的发展也为企业提供了新的营销机会，企业可以与网红合作进行营销推广，提升品牌影响力和提高市场覆盖率。

（4）工作和生活方式的变化。数字经济时代的工作和生活方式发生了巨大变化，远程办公和灵活工作制的普及改变了人们的消费模式和习惯。消费者的健康和安全意识增强，对高品质生活的追求进一步提高。企业需要根据消费者生活方式的变化调整市场营销策略，提供更多的在线服务和数字产品，注重产品的健康、安全和便捷性。

（5）社会舆论和公众意见的影响。在数字经济时代，社交媒体和互联网平台使社会舆论和公众意见的影响力空前增强。企业的市场营销活动容易受到公众意见的影响，负面舆论可能迅速传播并对企业声誉造成严重损害。因此，企业在市场营销中需要高度关注社会舆论，及时回应消费者的反馈和意见，建立良好的公众关系和品牌形象。

4.技术环境

技术环境是指影响企业运营和市场营销活动的各种技术因素和条件。技术环境是企业外部环境的重要组成部分，对企业的生产、运营、管理和市场营销有着深远的影响。企业需要不断适应和利用技术环境的变化，以提升竞争力和市场响应能力。具体包括以下几个方面。

（1）大数据技术。大数据技术是指用于处理和分析体量巨大、类型多样、更新速度快的数据集的技术。这些数据集因其规模超出了传统数据库软件处理能力的范围，需要特殊的技术和架构来有效地存储、管理和分析。大数据技术包括数据采集、存储、管理、分析和可视化等多个方面。利用大数据技术，企业能够对海量数据进行高效分析，揭示数据背后的模式、趋势和关联，从而在商业策略、市场研究、产品开发、客户服务等方面作出更加精准和高效的决策。同时，大数据技术也是推动人工智能、机器学习等前沿技术发展的基础，通过提供丰富的数据资源和深度分析能力，使智能算法的训练和应用成为可能。

（2）云计算技术。云计算是一种通过互联网提供的可扩展的计算资源和服务模式。它使用户能够通过网络，通常是互联网，访问和使用存储在远程数据中心的硬件和软件资源。这种资源按需提供，无须购买和维护专用硬件或软件。简而言之，云计算将计算能力、存储空间、网络和各种应用软件服务集成到一个远程的、统一的系统中，用户可以根据需求灵活地获取和配置这些资源。云计算的目标是通过集中式的资源管理和分布式的资源使用，实现更高效、可靠和经济的计算服务。它旨在通过简化基础设施的管理和维护，降低成本，同时提供快速、灵活的计算解决方案。通过这种方式，云计算能够满足多种业务需求，包括数据分析、应用托管、数据存储和备份等，从而成为一种对企业尤为有用的技术。

云计算技术通常分为三种服务模式：基础设施即服务（Infrastructure as a Service, IaaS）、平台即服务（Platform as a Service, PaaS）和软件即服务（Software as a Service, SaaS）。基础设施即服务为用户提供了虚拟化的计算资源，如服务器、存储和网络资源。用户通过互联网可以租用这些资源而无须购买和维护实体硬件。IaaS 提供高度灵活和可扩展的计算基础设施，用户可以根据业务需求快速调整资源配置，有效控制成本。这种模式适用于需要大量计算资源且资源需求具有波动性的场景，如大数据处理、网站托管和应用开发等。PaaS 提供了除了基础计算资源外的额外开发工具、库和服务，使得开发者能够在云端构建、部署和管理应用程序。PaaS 环境包括操作系统、中间件和数据库管理系统，用户可以专注于应用开发而无须担心基础设施和平台的维护和更新。PaaS 支持快速的应用开发和部署，提高了开发效率，降低了开发成本，适合快速迭代和多版本管理的软件开发项目。SaaS 是将应用程序作为服务通过互联网提供给用户，用户可以直接通过浏览器或应用程序接口访问这些软件服务，无须安装任何软件。在 SaaS 模式下，软件供应商负责软件的维护、更新和安全保障，用户只需按使用或订阅支付费用。SaaS 应用涵盖了从办公自动化、客户关系管理到财务管理等广泛领域，为用户提供了灵活性和成本效益，适合追求高效办公和业务管理的企业和个人用户。

（3）物联网技术。物联网是通过利用射频识别、红外感应器、全球定位系统、激光扫描器等先进的信息传感设备，按照特定的通信协议，将各种物体与网络连接起来，以达到实现智能化识别、定位、跟踪、监控和管理目的的一种信息网络。换句话说，当人们能够为每一个单独的物体分配一个唯一的标识，并利用先进的识别、通信和计算技术将其与互联网连接起来，这种广泛连接的网络就构成了物联网。物联网技术的运作依赖于三个基本组成部分：感知层、网络层和应用层。感知层负责收集来自环境和对象的数据，这些数据通过网络层传输，最终在应用层被处理和分析，为用户提供决策支持和智能服务。

物联网技术的广泛应用极大地改变了企业与消费者之间的互动方式。通过智能设备和传感器，企业能够实时监测消费者的行为、偏好和需求。这些数据为企业提供了宝贵的洞察，帮助其制定更加精准和个性化的营销策略。例如，智能家居设备可以收集用户的日常生活习惯和偏好数据，这些数据能够帮助企业了解用户的需求，从而提供个性化的产品推荐和服务。物联网技术还使企业能够进行实时营销。通过连接的设备和传感器，企业可以实时获取市场和消费者的动态信息。例如，智能冰箱可以监测食品的消耗情况，并在食品即将用完时自动向用户推荐相应的产品。这种实时、个性化的营销方式不仅提高了消费者的满意度，也增加了企业的销售机会。此外，物联网技术使企业能够优化供应链和库存管理。通过对物联网设备收集的数据进行分析，企业可以实时监测库存水平和供应链状态，及时调整生产和配送计划，避免库存积压和供应短缺。这种高效的供应链管理不仅降低了企业的运营成本，还提高了市场响应速度，使企业能够更快地满足消费者的需求。

（4）人工智能技术。人工智能技术通过模拟人类智能的过程，包括学习、推理、自我修正等，以实现机器自动执行任务、解决问题和作出决策。

人工智能技术在市场营销中的应用已经变得越来越普遍。

第一，人工智能在数据分析和处理方面展现了强大的能力。在数字经济时代，企业每天都会产生大量的数据，包括消费者行为、购买记录、浏览历史等。传统的数据分析方法已经无法应对如此庞大的数据量，而人工智能算法能够快速、高效地处理和分析这些数据，帮助企业从中提取有价值的信息。这些信息为企业制定精准的市场营销策略打下了坚实的基础，使其能够更好地了解消费者需求，预测市场趋势。

第二，人工智能在个性化营销中的应用得到了广泛认可。通过机器学习算法，人工智能可以分析每个消费者的行为模式和偏好，进而为其提供个性化的产品推荐和服务。这种个性化的营销方式大大提高了消费者的满意度和忠诚度。例如，电商平台利用人工智能推荐系统，根据消费者的历史购买记录和浏览行为，向其推荐可能感兴趣的产品，提高了购买转化率。

第三，人工智能在客户关系管理中发挥着重要作用。通过自然语言处理技术，人工智能能够理解和处理客户的语言，从而实现智能客服和客户支持。智能客服系统可以24小时不间断地为客户提供服务，解答疑问、处理投诉、提供产品信息等。这不仅提高了客户服务的效率，也改善了客户体验，提高了客户满意度和品牌忠诚度。

第四，在市场预测和趋势分析方面，人工智能展现了强大的优势。通过深度学习算法，人工智能可以从历史数据中识别复杂的模式和关系，从而进行准确的市场预测。例如，企业可以利用人工智能预测产品的需求变化、市场的增长趋势等，从而提前制定相应的市场营销策略，抢占市场先机。

第五，人工智能在广告投放中的应用极大地提升了广告的效果。通过程序化广告投放，人工智能能够实时分析用户数据，自动选择最佳的广告投放时机和平台，以最优的方式向目标受众展示广告。这种精准的广告投放方式不仅提高了广告的点击率和转化率，也有效降低了广告投放成本，提高了广告的投资回报率。

第六，人工智能技术的应用带来了市场营销自动化的可能。通过自动化工具，企业可以实现营销活动的自动化管理和执行，从而提高营销效率和效果。例如，电子邮件营销自动化系统可以根据用户的行为和偏好，自动发送个性化的营销邮件，跟踪邮件的打开和点击情况，及时调整营销策略，提升营销效果。

（5）区块链技术。区块链技术是一种分布式数据库技术，由链式结构串联的数据块构成，每个数据块都包含一系列交易记录。这些数据块按照时间顺序相继生成，每个新数据块都会包含前一个数据块的哈希值，确保数据的完整性和不可篡改性。与传统数据库不同，区块链数据存储在数以万计的计算机上，称为节点，每个节点都有完整的数据副本。这种分布式特性使区块链具有去中心化、高透明性、高安全性和不可篡改性的特点。当交易请求发生时，网络中的节点验证交易的合法性，一旦通过，交易就会被记录到新的数据块中。通过复杂的加密算法和共识机制，如工作量证明（Proof of Work，PoW）或权益证明（Proof of Stake，PoS），确保所有节点对数据块内容达成一致。因此，一旦交易被记录，几乎不可能进行修改或删除。

在数字经济时代，区块链技术对企业市场营销产生了深远的影响，在市场营销领域展现出巨大的潜力和应用前景。

①区块链技术在广告投放领域展现了巨大的应用价值。在传统的广告投放过程中，广告主无法完全了解广告费用的去向，容易产生中介费用高、广告效果难以评估等问题。利用区块链技术，广告主可以追踪每一笔广告支出的具体去向，确保广告费用被有效利用。区块链上的智能合约可以自动执行广告投放计划，当预定条件满足时，自动完成支付和结算，极大地提高了广告投放的透明度和效率。

②区块链技术还在数字内容版权保护方面发挥了重要作用。传统的数字内容版权保护存在版权纠纷、盗版等问题，区块链技术可以通过不可篡改的分布式账本记录每一个数字内容的版权归属和交易历史，确保版权信息的真实和透明。内容创作者可以通过区块链技术追踪其作品的使用情况，确保其合法权益得到保障。这不仅有助于打击盗版行为，也为内容创作者提供了更公平的收益分配机制，激励更多优质内容的创作。

③区块链技术在消费者忠诚度计划中得到了广泛应用。传统的消费者忠诚度计划往往存在积分管理复杂、兑换难度大、跨平台互通性差等问题。区块链技术可以将消费者的积分和奖励记录在分布式账本上，使积分管理更加透明和高效。消费者可以方便地在不同平台之间进行积分兑换和使用，这提升了忠诚度计划的用户体验和吸引力。企业也可以通过区块链技术实现跨品牌的积分合作，扩大忠诚度计划的影响力和覆盖面。

（6）增强现实技术。增强现实技术（Augmented Reality, AR）是一种通过在用户的视觉现实环境中叠加生成的图像、音频及其他感觉增强信息的技术，旨在实时地增强人们对现实世界的感知。与虚拟现实（Virtual Reality, VR）不同，增强现实不是替代真实世界，而是在其上添加数字信息，使得虚拟和现实世界能够无缝融合。增强现实技术利用摄像头、传感器、显示器等设备捕捉现实世界的场景，通过计算处理，将虚拟信息实时地覆盖在真实世界的图像上。这种技术可以应用于智能手机、平板电脑、AR眼镜等多种设备上，为用户提供互动性强、信息丰富的新型体验。

在数字经济时代，增强现实技术对企业市场营销产生了深远的影响。在产品展示和体验方面，通过增强现实技术，企业可以为消费者提供虚拟试用产品的功能，使他们能够看到产品的效果。无论是家具、家电，还是时尚商品，消费者都可以通过增强现实技术在购买前获得更直观的产品体验。这种虚拟试用的功能不仅提升了消费者的购买体验，还减少了因不满意而退货的情况，增强了消费者购买的信心，提高其满意度。在广告和品牌推广方面，增强现实技术提供了更加生动和互动的内容，能够有效吸引消费者的注意力。传统广告形式的局限性在于缺乏互动和个性化体验，而AR广告则可以打破这种局限，提供沉浸式的广告体验。消费者通过增强现实技术可以在现实环境中与广告内容进行互动，这不仅提高了广告的吸引力和用户参与度，还显著增强了广告的效果和转化率。在零售行业，通过增强现实技术，零售商可以在实体店和线上购物平台中提供更具互动性的购物体验。消费者在购物过程中能够通过增强现实技术获取更多的产品信息和个性化推荐，从而做出更加明智的购买决策。

（7）5G 技术。5G 技术，作为第五代移动通信技术的代表，标志着全球通信领域进入了一个新的时代。这项技术不仅仅是速度的飞跃，它的意义远远超过了此前任何一代通信技术的升级，为数字经济的发展提供了前所未有的计算支撑和连接能力。

5G 技术具有以下几个优点。一是能够提供比 4G 更快速、更稳定、具有更低延迟和更高数据传输能力的网络服务。这种性能的提升使得 5G 网络能够支持高清视频流、大规模物联网设备连接以及实时数据处理等需求，这些是在之前的网络技术下难以实现的。例如，5G 的低延迟特性对于自动驾驶汽车、远程医疗和虚拟现实等应用至关重要，因为这些应用需要实时的数据交换和处理以确保其安全性和有效性。二是具有更广泛的覆盖范围和连接能力。5G 技术采用了更高频率的电磁波传输数据，虽然这使得其传输距离相对较短，但通过部署更密集的网络基站，5G 能够实现在城市、乡村甚至是偏远地区的广泛覆盖。这意味着无论用户身处何处，都能享受到高速的网络服务，极大地推动了信息的无障碍流通和资源的有效分配。三是在网络切片方面的能力较强。网络切片允许运营商在同一物理网络基础设施上提供多个虚拟网络，每个虚拟网络都可以根据不同应用的特定需求进行优化。这意味着 5G 网络能够同时满足低功耗物联网设备的连接需求和高带宽视频传输的需求，而不会相互干扰，极大地提高了网络的灵活性和效率。

5G 技术的出现为企业市场营销带来了前所未有的机遇。首先，5G 技术极大地提高了数据传输的速度和效率，使实时数据处理和分析成为可能。企业可以利用这一优势，实时收集和分析消费者行为数据，从而快速响应市场变化，制定更加精准的营销策略。实时数据的获取和处理还能够使企业在市场营销活动中进行实时调整和优化，提升营销效果。其次，5G 技术的低延迟特性使得高度互动和沉浸式的体验成为现实。企业可以在市场营销中采用虚拟现实、增强现实和混合现实等技术，为消费者提供无缝衔接和高度逼真的互动体验。再次，5G 技术的广泛连接能力，使得万物互联成为可能。企业可以通过 5G 技术实现智能设备和物联网的广泛应用，从而更好地理解和满足消费者的需求。这种广泛的连接能力不仅有助于企业优化供应链管理和运营效率，还能够帮助企业在市场营销中提供更加精准和个性化的服务。最后，5G 技术还促进了创新商业模式的发展。通过 5G 网络的高带宽和低延迟，企业可以探索新的市场营销方式和渠道，为企业提供更多的市场机会和增长点，推动市场营销的不断创新和发展。

（二）微观环境

1. 企业自身

企业开展营销活动时必须充分考虑内部环境力量和因素。企业作为组织生产和经营的经济单位，是一个系统化的组织，其内部通常设有采购、研发、生产、营销、财会、管理等职能部门。各职能部门的工作及其相互之间的协调关系直接影响企业的整体营销活动。

在数字经济时代，企业的营销部门不能孤立存在。它需要与其他部门进行多方面的合作，但也可能产生业务上的冲突和矛盾。由于各部门的工作重点不同，这些矛盾往往难以协调。生产部门关注的是长期生产的定型产品，要求品种规格少、批量大、标准订单、较稳定的质量管理。而营销部门则注重适应市场变化、满足目标消费者需求的"短、平、快"产品，要求品种规格多、批量少、个性化订单和特殊的质量管理。这种内部冲突在数字经济时代尤为明显，因为数字经济时代市场变化更加迅速，消费者需求更加多样化和个性化。营销部门需要快速响应市场需求，灵活调整产品和服务，而生产部门则需要稳定的生产计划和质量控制。这就要求企业在制订营销计划和开展营销活动时，必须协调和处理好各部门之间的矛盾和关系。

2. 营销渠道企业

营销渠道企业指的是那些帮助产品和服务从生产者转移到最终消费者的各类组织和中介。这些企业在产品的流通过程中扮演着重要角色。主要的营销渠道企业包括：①批发商，批发商从生产商处购买大批量商品，然后转售给零售商或其他业务用户，通常不直接面向最终消费者；②零售商，零售商直接向最终消费者销售产品和服务，包括大型超市、百货商店、专卖店和在线零售商等；③经销商，经销商代表生产商销售产品，通常拥有特定地区的独家销售权，并提供售后服务；④代理商，代理商代表生产商推销产品，并赚取佣金，通常不持有产品库存；⑤分销商，分销商负责将产品从生产商送到零售商或直接送到消费者手中，常涉及物流和配送服务；⑥物流服务提供商，物流服务提供商负责产品的运输、仓储和配送，确保产品能够及时、安全地送达消费者手中。

在数字经济时代，营销渠道企业面临着前所未有的挑战和机遇。随着技术的进步和消费者行为的变化，营销渠道企业需要不断创新和优化，以适应新的市场环境。

（1）数字化转型。营销渠道企业需要引入先进的信息技术和数字工具，如大数据分析、人工智能和物联网等，以提升运营效率和客户体验。通过数字化，企业可以实现库存管理、订单处理和物流配送的自动化及智能化，降低成本，提升效率。

（2）全渠道整合。全渠道整合是指企业通过整合线上和线下的销售渠道，为消费者提供无缝的购物体验。在数字经济时代，消费者期望能够在多个渠道之间自由切换，如在网上浏览产品，然后到实体店购买，或在实体店体验产品后在网上下单。营销渠道企业需要通过技术手段，实现线上和线下渠道的数据共享和统一管理，提供一致的品牌体验。

（3）灵活的供应链管理。数字经济时代，市场变化迅速，消费者需求多样化。营销渠道企业需要建立灵活的供应链管理体系，以快速响应市场变化和消费者需求。通过实时数据监控和分析，企业可以优化库存管理和物流配送，减少库存积压和配送延误。同时，企业需要与供应链上下游的合作伙伴紧密协作，共享信息和资源，提高供应链的整体效率和反应速度。

3. 竞争者

在数字经济时代，企业需要面对来自多种类型竞争者的挑战，主要有以下几类。

（1）直接竞争者。直接竞争者是指那些提供相同或相似产品和服务的企业。这些竞争者争夺同一目标市场和客户群体。直接竞争者之间的竞争通常最为激烈，因为它们的产品和服务特性相似，消费者在选择时会直接对比。企业必须不断优化产品和服务，提高性价比和客户满意度。同时，企业需要加强品牌建设，通过差异化营销策略来突出自身优势。创新产品功能和特色服务是应对直接竞争者的有效手段。

（2）间接竞争者。间接竞争者是指那些提供替代产品和服务的企业。这些替代品可以满足相同的需求或解决同样的问题，但产品和服务的形式不同。面对间接竞争者，企业需要拓宽视野，了解替代品市场的动态。通过市场调研和消费者行为分析，企业可以识别出潜在的替代品威胁，并及时调整产品组合和市场定位。提供多样化的产品和个性化的服务，有助于增强消费者的黏性和忠诚度。

（3）潜在竞争者。潜在竞争者是指那些可能进入市场并对现有企业构成威胁的企业。这些企业可能正在准备进入市场或已经在市场边缘活动。一旦它们正式进入市场，将增加市场的竞争压力。潜在竞争者的威胁通常取决于市场进入壁垒的高低。企业需要通过技术创新、提高市场进入壁垒和加强客户关系来巩固市场地位。建立灵活的市场反应机制和快速响应能力，有助于企业在新竞争者进入市场时保持竞争优势。

（4）新兴竞争者。新兴竞争者是指那些利用新技术、新商业模式或新市场趋势进入市场的企业。新兴竞争者通常具有创新优势，能够迅速吸引消费者和市场份额。数字经济时代的新兴竞争者往往具有灵活性和创新性，能够颠覆传统市场格局。面对新兴竞争者，企业需要积极关注行业趋势和技术发展，保持开放的创新文化。通过投资研发、孵化新项目和合作伙伴关系，企业可以提升自身的创新能力，防止被新兴竞争者超越。

（5）国际竞争者。国际竞争者是指那些来自其他国家和地区的企业，随着全球化的发展，国际竞争者在本地市场的影响力逐渐增强。国际竞争者通常具备丰富的经验、先进的技术和强大的品牌影响力，对本地企业构成巨大威胁。因此企业需要提升国际视野，加强全球市场研究和分析，借鉴国际竞争者的先进经验和技术，优化自身的产品和服务。同时，企业可以通过跨国合作和战略联盟，提升国际竞争力，拓展全球市场。

4. 社会公众

企业的微观营销环境还包括各种公众因素。所谓公众，是指对一个组织实现其目标的能力有着实际或潜在利益或影响的各种社会群体。企业面对的公众主要包括融资公众、媒介公众、政府公众、社区公众以及各种利益集团公众等。各种公众群体对企业的经营和市场活动有着直接或间接的影响。企业需要全面认识和重视这些公众因素，积极与各类公众建立良好的关系，确保企业的市场营销活动顺利进行。通过有效的沟通和互动，企业可以提升公众对企业的信任和支持，实现可持续发展。

（1）融资公众。融资公众指的是那些能够提供资金支持或有资金需求的个人或机构，包括银行、投资者、金融机构、风险投资公司和债权人等。融资公众对企业的财务状况和市场前景有着密切的关注，他们的支持可以为企业的市场营销活动提供必要的资金保障。在数字经济时代，企业需要保持透明和高效的财务管理，确保融资公众对企业的信任和支持。同时，企业还应积极与融资公众沟通，展示其市场潜力和发展前景，以吸引更多的资金投入，支持企业的发展和市场扩展。

（2）媒介公众。媒介公众包括各类媒体机构，如报纸、杂志、电视、电台、互联网媒体和社交媒体平台等。这些媒介机构对企业的形象和品牌有着重要的影响力。企业需要与媒介公众建立良好的关系，通过媒体渠道传递正面的企业形象和市场信息。数字经济时代的媒体环境变化迅速，企业需要灵活运用传统媒体和新兴媒体进行品牌宣传和市场推广。及时的新闻发布、媒体报道、社交媒体互动等，都可以帮助企业提高品牌知名度和市场影响力。同时，企业还需要密切监控媒体舆情，及时应对负面报道和舆论危机，保护企业声誉。

（3）政府公众。政府公众包括各级政府机构和相关监管部门，它们制定和执行法律法规，监督企业的经营活动。政府公众对企业的合法经营和市场行为有着重要的监管作用。企业需要遵守政府的法律法规和政策导向，确保合规运营。同时，企业应积极与政府公众沟通，争取政策支持和指导，获取政府的认可和信任。在数字经济时代，政府对数据保护、隐私安全、网络安全等方面的监管日益严格，企业需要加强合规管理，确保业务运营符合法律要求。此外，企业可以通过参与公共事务和社会责任活动，树立良好的社会形象，赢得政府公众的支持和信任。

（4）社区公众。社区公众指的是企业所在地区的居民、社区组织和地方性团体等，他们对企业的经营活动有直接的影响和关注。企业的社会责任感和对社区的贡献，会直接影响社区公众对企业的支持和认可。企业需要积极参与社区建设和公益活动，改善社区环境，支持地方经济发展，树立良好的企业形象。在数字经济时代，企业可以利用数字技术和社交媒体平台，与社区公众保持互动和沟通，了解社区的需求和反馈，及时调整企业的社区策略，增强社区公众的满意度和忠诚度。

（5）利益集团公众。利益集团公众包括各种对企业经营活动有特定关注和利益诉求的社会团体和组织，如环保组织、消费者权益保护组织、行业协会和工会等。这些利益集团往往代表特定的社会利益，对企业的市场行为和社会责任提出要求。企业需要与利益集团公众建立良好的关系，倾听他们的意见和建议，妥善处理利益冲突。在数字经济时代，利益集团公众利用互联网和社交媒体平台，能够更广泛地传播信息和影响公众舆论。企业需要加强与利益集团公众的沟通和合作，积极回应其关注的问题；展示企业的社会责任和可持续发展承诺，赢得利益集团公众的理解和支持。

二、数字经济时代企业市场营销观念的扩展

（一）知识营销

知识营销是指企业通过创造、分享和传播有价值的知识内容来吸引、教育和留住客户，从而提升品牌知名度、客户满意度和忠诚度。这种营

销观念不仅关注产品和服务的推广，更注重为客户提供有价值的信息和解决方案，以建立长期的客户关系和品牌忠诚。

知识营销的核心在于知识的创造和传播。在数字经济时代，信息技术和互联网的普及使得知识的获取和传播变得更加便捷和高效。企业可以通过多种渠道，如博客、白皮书、网络研讨会、在线课程、社交媒体等，向客户传递专业知识和行业见解。这些知识不仅能够帮助客户更好地理解产品和服务，还能够提升客户的专业素养和决策能力，从而增强客户对企业的信任和依赖。通过知识营销，企业可以树立行业权威形象，增强品牌的专业性和可信度。当企业能够持续输出高质量的知识内容，并在客户心中建立专业形象时，客户更容易选择和信任该品牌。知识营销还能够有效提升企业在搜索引擎中的排名，通过搜索引擎优化策略，使更多的潜在客户能够找到并接触到企业的知识内容，进而转化为实际客户。此外，知识营销还能够提高现有客户的忠诚度。通过持续提供有价值的知识内容，企业能够保持与客户的长期互动和沟通，了解客户的需求和反馈，不断优化产品和服务，提升客户体验和满意度。同时，客户在获得知识和帮助的过程中，会与企业产生更深的情感连接，这会提高客户的忠诚度和复购率。

在知识营销的实施过程中，企业需要注重内容的质量和相关性。知识内容应当真实、准确、专业，能够解决客户的实际问题或满足其信息需求。此外，企业还需要根据不同客户群体的需求和偏好，定制个性化的知识内容，确保内容的针对性和有效性。通过个性化的知识营销策略，企业能够更精准地触达目标客户，提升营销效果。

（二）绿色营销

随着经济的快速发展，人民生活水平的不断提高，人们对生活质量和精神享受更加关注，绿色健康需求不断增加，也推动了绿色市场向前发展。为了更好地适应绿色市场的发展，企业要改变营销观念，运用绿色营销观念来满足市场需求。绿色营销是指企业在制定营销策略时要树立环保意识，树立绿色文化价值观，要以客户为依托，以绿色消费为核心，开发适合客户需求的绿色营销战略。这个概念要求企业在制定营销策略时不仅要考虑自己的利益，还要协调社会利益、商业利益和生态利益之间的关系，实现协调发展。所以，企业在销售产品的过程中，要注意企业的长远发展，不但要重视眼前的利益，而且要协调经济与生态的关系，保护可再生资源，实现其循环利用，提高资源利用率，保护生态环境。

践行绿色营销观念时，首先，企业需要从产品设计和生产过程入手，采用环保材料和工艺，减少对环境的污染和资源的消耗。例如，企业可以使用可再生材料、减少有害物质的使用、提高能源利用效率等，通过绿色创新，实现产品的环保特性。这样的产品不仅能获得消费者的青睐，还能降低生产成本，提升企业的经济效益和市场竞争力。其次，企业还需要在营销策略中体现环境保护的理念。企业可以通过广告宣传、品牌推广、包装设计等方式，传递绿色环保的信息，让消费者了解企业在环保方面的努力和成就。例如，企业可以在产品包装上标注环保标志、通过社交媒体和网站发布环保信息、开展环保公益活动等，增强消费者的环保意识和品牌认同感。再次，绿色营销不仅关注企业自身的环保行为，还强调企业应与供应链和合作伙伴共同推进可持续发展。企业可以通过与供应商、分销商、零售商等建立绿色供应链，确保整个供应链环节的环保和可持续性。这样的合作不仅能提高整个行业的环保水平，还能实现资源的优化配置和共享，促进经济的可持续发展。最后，在绿色营销过程中，企业还需要注重消费者的参与和互动。通过消费者教育和引导，提高消费者的环保意识和行为。例如，企业可以开展环保知识宣传、鼓励消费者参与环保活动、提供绿色消费奖励等，激发消费者的环保热情。消费者参与环保行动，不仅能获得满足感和认同感，还能进一步增强对企业品牌的忠诚度和支持。

绿色营销不仅有助于企业提升品牌形象和市场竞争力，还能为社会和环境带来积极的影响。在数字经济时代，信息技术的广泛应用为绿色营销提供了更多的可能性和便利。企业可以通过大数据、物联网、区块链等技术手段，实现绿色营销的精准化和智能化，提高营销效果和管理效率。

（三）体验营销

当前，人们的消费观念已经发生变化，不再仅仅追求商品的价值，还开始关注货物所传达的精神。企业需要改变营销观念，掌握客户的实际需求，将其作为出发点，满足市场的实际需求，满足消费者的需求。体验营销的核心观念在于，企业不仅要为消费者提供满意的产品和服务，更要为他们创造和提供有价值的体验。这种体验不仅仅是产品本身所带来的，更是通过企业的品牌、环境、服务、沟通等多个方面共同营造出来的。体验营销通过满足消费者的个性化、情感化需求，使企业建立起与消费者之间的深度连接，从而增强消费者对企业的忠诚度和企业的市场竞争力。

在数字经济时代，体验营销观念更加广泛和深入。企业可以通过多种手段来创造和提供有价值的体验，如利用大数据和人工智能技术精准分析消费者需求，为消费者提供个性化的产品和服务；通过线上线下融合的方式打造沉浸式消费场景，让消费者在购物过程中获得更加丰富的感官和情感体验；通过社交媒体和口碑营销等方式加强与消费者的互动和沟通，建立更加紧密的品牌关系。

第三节　数字营销的概念与发展

随着数字经济时代的到来，传统的营销模式已经无法完全满足市场的需求。企业与消费者之间的交流方式、消费者的购买行为以及市场传播渠道都发生了根本性的变化。在这样的背景下，数字营销应运而生，并迅速发展成为现代企业竞争中不可或缺的一部分。

一、数字营销的概念

目前，学术界关于数字营销概念的界定，主要有以下几种说法。

（1）数字营销是利用数字技术开展的一种整合、定向和可衡量的传播，以获取和留住客户，同时与他们建立更深层次的联系。

（2）数字营销利用数字技术帮助营销活动，将互动媒体与营销组合的其他元素相结合，是一种全新的营销方式。

（3）数字营销是利用网络技术、数字技术和移动通信技术等技术手段，借助各种数字媒体平台，针对明确的目标用户，为推广产品和服务，实现营销目标而开展的精确化、个性化、定制化的实践活动，它是数字时代与用户建立联系的一种独特营销方式。

结合以上观点，笔者认为，数字营销是指依托于互联网技术把文字、图像、视频等元素转化为数字，在互联网环境中应运而生的营销传播的过程。数字营销的载体是数字终端，发生的主要场所是数字空间，数字营销的实现基础是数字技术。

二、数字营销的发展

随着数字技术的不断进步，数字营销工具和手段也在不断更新迭代。以标志性的数字技术应用为重要节点，可以将数字营销的发展经过分为以下四个阶段。

（一）单向展示的传统网络广告数字营销阶段

在 Web1.0 阶段，数字营销主要依托于网站。互联网作为与报刊、广播、电视并列的"第四媒体"，集合了各种各样的网站。其运作方式和营利模式与传统媒体一对多的大众化营销模式一样，在一定程度上就是传统媒体广告的转移。其本质是在用户上网过程中强制性让用户接收广告信息的一种单向传播，营销传播模式同传统媒体一样，依旧是典型的一对多的大众化营销传播模式。

这一时期的数字营销主要是利用 Web 技术来制作和发布广告，相比传统媒体广告，具体形式如下。

1. 旗帜广告

旗帜广告是早期的网络广告形式之一，通常出现在网页的顶部或底部，作为一种视觉焦点吸引用户注意。这种广告可以静态或动态展示，通过图像和文字的结合传递广告信息，用户点击后可以跳转到广告商的网站。旗帜广告的主要目的是提高品牌曝光度和吸引潜在客户。尽管简单，但旗帜广告在初期的网络营销中起到了关键作用，帮助品牌在互联网上建立存在感，并引导流量至目标网页。

2. 弹出式广告

弹出式广告是一种主动出现在用户视野中的广告形式，它们在用户浏览网页时自动弹出，以获取用户的注意力。虽然这种广告方式能有效捕获用户的注意，但由于其干扰性，往往引起用户的反感。弹出式广告的设计多样，可以是全屏广告或小窗口广告，内容丰富多彩，从简单的文本信息到复杂的互动式广告都有。然而，随着用户对这种广告形式耐心的减少和广告拦截技术的普及，弹出式广告的效果和受欢迎程度有所下降。

3. 文本链接广告

文本链接广告是通过将广告嵌入网页内容中的文本链接来展现，用户点击这些特定的文本链接即可访问广告主的网站。这种广告形式较为隐蔽，能够自然地融入网页内容中，不像其他形式的网络广告那样打断用户的阅读或浏览体验。文本链接广告的关键在于相关性，即广告内容需要与周围的文本内容高度相关，这样用户点击的可能性才会更高。虽然这种广告形式较为低调，但它依赖于精准的目标定位和内容相关性，能够在适当的上下文中有效地吸引目标用户。

4. 按钮广告

按钮广告较小且不占用过多空间，通常以图形按钮的形式出现在网页上，用户点击后可以直接跳转到广告主的网页。这种广告形式因其简洁性和直观性而受到青睐，特别是在用户界面和导航栏中较为常见。按钮广告可以设计得非常吸引人，通过使用醒目的颜色和创意的设计来吸引用户点击。虽然其尺寸较小，但按钮广告仍需传达清晰的信息或呼吁行动，以实现企业营销目的。

5. 电子邮件广告

电子邮件广告是指企业通过互联网电子邮箱将广告发送给某一个人或群体的网络广告形式。在内容上，可能整个邮件都是广告，也有可能是资讯与广告内容的结合，在次数上则分为一次性、多次或定期。通常情况下，未经用户许可而发送的电子邮件广告会被自动处理为垃圾邮件。电子邮件广告成本低，内容和形式不像其他网络广告那样受制于广告位的大小，更加灵活，和顾客的沟通也更加直接，针对性更强。

Web1.0 阶段的数字营销具有以下几个特点。

第一，能够突破传统媒体的时空限制，实现信息的全球性传播。传统媒体广告，如电视和报纸，受限于广播范围和发行地区，只能在特定的时间和地点触达受众。相比之下，网络广告通过互联网这一全球性的平台，让广告传播无视地理和时间界限，实现 7×24 小时不间断的全球覆盖。这种无处不在的信息传播方式极大地扩展了广告的触及范围，提升了品牌的全球知名度，使企业能够更加灵活地触及不同地区和时区的潜在客户，从而大幅提高营销效率和广告的投资回报率。

第二，表现形式丰富多样。网络平台支持的多媒体功能使广告可以通过文字、图片、视频、音频和动画等多种形式呈现，为创意提供了广阔的空间。这种多样性不仅增强了广告的吸引力和说服力，而且能够更好地适应不同用户的偏好和消费习惯，从而提升用户的参与度和互动体验。网络广告的这种多样化表现不仅让信息的传递更为生动有趣，而且能够更有效地传达复杂信息，帮助消费者多角度和多层次地了解产品或服务，从而促进消费者的购买决策。

第三，性价比较高。与成本高昂的传统媒体广告相比，网络广告的制作和发布成本相对较低，且易于修改和更新，具有更高的灵活性和经济效益。在网络环境下，广告信息一旦需要更正或更新，可以迅速进行，无须经历复杂烦琐的修改流程，这不仅缩短了响应时间，还减少了可能的额外成本。此外，网络广告的可追踪性和可量化性也使广告主能够实时监控广告效果，及时调整营销策略，确保资源的有效投入，从而最大化广告投入的回报。

（二）双向互动的社会化数字营销阶段

Web2.0 阶段的数字营销是以社会化媒体为主的分众营销传播模式。Web2.0 阶段的技术创新给互联网带来一次思想理念的革命，自上而下的由少数资源控制者集中控制主导的互联网体系转变为自下而上的由广大用户集体智慧和力量主导的互联网体系。基于交互性、社会化的技术特征，数字营销从单向展示、撒大网式的大众化营销传播模式转变为双向互动、强针对性的分众营销传播模式，涌现了一些新的营销传播形式，主要有以下几种。

1. 网络社区营销

网络社区营销通过建立在线社区或参与已有社区来进行品牌推广和用户互动。这种营销方式利用社区的集体智慧和网络效应，增强品牌与用户之间的连接，促进用户参与和内容的自发传播。在网络社区中，品牌可以直接与消费者对话，收集反馈，调整产品和服务，同时借助社区成员的口碑传播，实现有效的品牌推广和忠诚度建设。

2. 博客营销

博客营销是指企业通过创建和维护博客来发布有价值的内容，以吸引目标受众并建立品牌声誉。博客提供了一个平台，让品牌可以展现其专业知识、行业见解和品牌价值，与读者建立信任关系。定期更新高质量内容，有助于提高网站的搜索引擎排名，吸引更多流量，并通过高质量的内容与读者建立长期的关系。

3. 网络视频广告

随着带宽的增加和视频平台的普及，网络视频广告成为一种高效的营销手段。企业可以通过创作吸引人的视频内容来传达品牌信息，利用视频的视觉和听觉双重冲击力来增强广告效果。网络视频广告可以在多个平台上进行分享和传播，提高品牌曝光度，同时视频的互动性使得用户可以直接参与到品牌故事中来，增强用户的参与感和品牌忠诚度。

4. 搜索引擎营销

搜索引擎营销是利用搜索引擎的搜索结果和广告机制来提升品牌可见性和吸引潜在客户。通过优化网站内容和结构或通过购买搜索引擎广告来提高网站在搜索结果中的排名，可以让品牌在潜在客户主动搜索相关信息时获得更高的曝光率，从而增加访问量和转化率，实现精准营销。

在 Web2.0 阶段，数字营销具有以下几个特点。

第一，双向互动。Web2.0 阶段的数字营销突破了传统网络广告的单向传播局限，引入了用户与品牌之间的互动沟通机制。在这个阶段，用户不再是被动接收信息的一方，而是能够主动搜索信息，并与内容或广告主进行互动。无论是通过搜索引擎查询、在博客上发表评论，还是在社交网络上分享和讨论，用户都参与了内容的传播和反馈过程。这种互动不仅让用户感觉更被尊重和重视，也为广告主提供了宝贵的反馈，帮助他们更好地了解目标受众，优化营销策略。

第二，去中心化。在这一时期，互联网的使用和内容创造不再仅仅集中在少数大型门户网站或媒体手中，普通用户也开始通过各种平台如博客、论坛和社交媒体产生内容，分享见解。用户生成内容模式的兴起降低了传统媒介的影响力，使营销传播更加分散和民主化。企业开始利用这种去中心化的传播模式，通过与用户合作，利用网络意见领袖的影响力进行品牌推广和营销。这种模式强调的是利用用户的集体智慧和网络社群的力量，促进信息的迅速传播和品牌影响力的扩散。

第三，精准有效。借助先进的数据收集和分析技术，企业能够获取大量有关用户行为、偏好和互动的数据，这些数据不仅可以帮助广告主了解消费者的具体需求，还能够评估各种营销策略的效果，实现资源的最优配置。通过对用户行为的实时监控和分析，企业能够及时调整其营销策略，确保信息传播的有效性，提高营销投资的回报率。这种基于数据的营销方法，大大提升了数字营销活动的针对性、相关性和转化率，从而使营销更加高效和成本有效。

（三）场景化的移动化数字营销阶段

Web 3.0 阶段的数字营销强调通过获取用户移动终端的实时数据和位置，融入用户所在的每一个场景并提供精准的服务，建立具有极强黏性的客户关系。这一阶段的营销传播形式主要有以下几种。

1. 短彩信广告和 WAP 广告

短彩信广告利用短信服务传递带有图文和声音的广告内容，直接送到用户的移动设备上，具有高覆盖率和直达性。这种广告形式可以迅速触达广大用户，尤其是在移动互联网不是极度普及的地区或人群中更显优势。WAP 广告是在无线应用协议网站上展示的广告，这种形式的广告适合在智能手机上浏览，尽管随着智能手机和 App 的普及，WAP 广告的影响力有所下降，但在特定场景和目标群体中仍有其适用性和有效性。

2. 二维码营销

二维码营销是将二维码置于各种媒介（如产品包装、海报、广告牌等）上，用户扫描二维码即可快速获取更多信息或参与活动。这种营销方式便于桥接线上线下营销，提高互动性和参与感。二维码可以连接到网页、视频、优惠券等，为用户提供即时的价值，也便于企业收集用户反馈和数据，优化营销策略。

3. H5 营销

"H5"是 HTMI5 的简称，它是一种编程语言，是一种高级 Web 网页技术，在网页上可以呈现文字、图片、图表、音频、视频等多媒体信息，且页面的切换有滑动翻页、点击按钮等多种方式，互动性和趣味性强。此外，通过特定代码的设计，每一个 H5 都能监测到用户在浏览或点击 H5 动画网页中的一切交互行为，传播量、浏览量、行为数据、转化率等都能得到较为精准的监测。而 H5 技术与不同的技术如 AR、VR 的结合，可以呈现各种炫酷的视觉效果，带给用户更新奇的体验。近年来企业纷纷赶上潮流，在每个重要的营销传播中都不忘制作精美的 H5 页面在社交平台造势，吸引关注，各种各样的优秀案例层出不穷。

4.移动短视频营销

随着移动互联网和智能设备的发展，短视频成为用户消费内容的重要形式。移动短视频营销通过创作有吸引力的短视频内容，在短视频平台上发布，利用平台的强大传播能力和高用户黏性，迅速传播品牌信息。这种营销方式可以利用视频的视觉冲击力和情感共鸣，以及短视频平台的社交属性，有效地提升用户的品牌记忆度和参与度。

5.网红营销

网红营销是指企业通过与具有高人气和影响力的网红合作，利用其社交媒体平台进行品牌或产品的推广。网红具有强大的粉丝基础和较高的互动率，能够快速提升品牌的知名度和产品的销售量。在这种营销模式下，网红通过分享个人体验、展示产品使用过程或参与品牌活动等方式，向粉丝推荐品牌或产品，使营销信息以更加自然、亲切的形式呈现。网红营销成功的关键在于选择与品牌形象匹配的网红，以及创作真实、有吸引力的内容，从而在粉丝中建立信任和认同，促进消费决策。

这一阶段的数字营销呈现出以下几个特点。

第一，移动化场景化。移动化数字营销的场景化特征体现在其能够适应消费者的各种移动场景，从而实现更加个性化和时效性的市场沟通。在移动互联网环境下，消费者的上网行为更加碎片化和即时化，他们在不同的时间和地点，通过各种移动设备接触和消费信息。这种行为模式推动了营销活动从传统的时间、地点依赖，转向更为灵活和场景化的传播方式。例如，通过智能手机在通勤路上看新闻、在咖啡店浏览社交媒体、在商场使用移动支付等，都是移动营销可以介入并发挥作用的场景。企业能够根据这些具体场景设计相关的营销策略。比如，在特定时间和地点推送优惠信息，或者根据用户的移动行为提供个性化服务，这样的策略更容易获取用户的关注和响应，增强营销效果。

第二，即时互动。移动化数字营销的即时互动性体现在用户能够随时随地与品牌进行互动交流，这种互动不限于用户与品牌之间，还包括用户之间的相互影响。在移动设备上，用户可以即时看到各种营销信息，并快速做出反应，无论是通过点击、评论、分享，还是参与线上活动，都使营销互动变得更加即时和有效。此外，移动设备的普及也促进了实时数据的收集与分析，企业可以根据用户的实时反馈调整营销策略，实现更为精细化的市场分析和用户管理。即时互动还强化了用户体验，使消费者感觉更被重视，与企业的连接更密切，从而提升品牌忠诚度和用户满意度。

第三，线上线下融合。移动化数字营销的线上线下融合体现在通过移动设备连接实体和虚拟的消费体验，打破了传统营销中线上线下的界限。这种融合不仅提高了用户体验，还为企业创造了更多互动和转化的机会。例如，用户可以通过手机应用查看产品信息、进行线上下单，再到实体店体验或提取商品，这种 O2O（Online to Offline）的模式增加了消费的便利性和灵活性。同时，企业也可以利用移动设备收集的用户位置数据，提供更加精准的本地化服务和营销活动，从而提高营销效率和效果。

第四，本地化。随着定位技术的发展，企业可以通过移动设备准确地获取用户的位置信息，从而发送与地理位置相关的广告和促销信息。这不仅可以提高广告的相关性和吸引力，还可以帮助本地企业针对特定地区的潜在客户进行精准营销，提高转化率。例如，用户在接近某个商圈时，可以收到该区域内商家的优惠信息，或者当用户搜索附近的餐厅或服务时，可以立即获得相关推荐。本地化营销还有助于企业更好地理解不同地区用户的需求和偏好，实现更有效的市场细分和定位。

（四）智能化数字营销阶段

智能化数字营销是建立在物联网、大数据、云计算和人工智能等数字技术的基础上的营销。此阶段的营销目标是实现品效合一，核心是满足每个消费者个性化且不断变化的需求，通过将具有个性的消费者直接纳入企业的营销活动，实现企业的全面商业整合。目前，具有代表性的营销传播形式有以下几种。

1. "程序化购买+"广告

程序化购买是利用算法自动化地购买广告空间和定位受众的一种方式，它使得广告投放变得更加高效和精准。在智能化数字营销阶段，程序化购买结合了大数据分析，不仅自动执行购买过程，还能实时优化广告投放策略，确保广告内容能够触达最合适的目标受众。这种方式通过分析用户的在线行为、购买历史和个人偏好，精确地匹配广告内容和受众，从而大大提高了广告的转化率和投资回报率（Return on Investment, ROI）。此外，程序化购买能够实时追踪广告效果，为广告主提供数据支持，帮助他们更好地理解广告表现，调整营销策略，实现更加个性化和动态的广告投放。

2. 智能助手服务

智能助手服务运用人工智能技术，如自然语言处理和机器学习，为用户提供个性化的服务和信息。在企业营销领域，智能助手可以通过聊天机器人、语音助手等形式与用户进行互动，提供定制化的产品推荐、客户支持和购物咨询等服务。这种服务能够根据用户的历史数据和即时反馈，不断学习和适应用户的需求和偏好，提供更加准确和个性化的服务。智能助手的应用不仅提升了用户体验，提高了客户满意度和忠诚度，而且通过收集和分析用户互动数据，为企业提供了深入的消费者洞察，支持更精准的市场分析和决策。

3. 智能传感器服务

通过嵌入产品或环境中的传感器，企业可以实时收集关于用户行为和环境变化的数据，从而实现更加动态和响应式的营销策略。例如，零售行业中的智能货架可以根据顾客的行为和偏好自动调整展示内容，或者通过传感器收集的数据分析顾客流量和购买模式，优化店铺布局和库存管理。此外，智能传感器还可以用于监测用户对广告或产品的反应，并实时反馈给营销系统，帮助企业实时调整营销消息，实现更高效和个性化的用户互动。

这一阶段的数字营销具有以下几个特点。

第一，自动化和智能化。利用机器学习和人工智能技术能够自动收集和分析大量数据，从而实时调整营销策略以适应市场变化。

第二，全场景匹配。全场景匹配指的是能够在消费者的各种生活场景下提供适时的营销信息和服务。这不限于线上平台，也涵盖线下实体店及其他交互环境。通过物联网的连接，各种设备（如智能手机、智能家居设备等）都能成为营销的触点。

第三，产品即营销，营销即服务。在智能化数字营销阶段，产品的推广和服务的提供已经不可分割。每一次产品的使用体验都可视为一次营销机会，而优质的服务则直接转化为营销效果。企业通过提供定制化的解决方案和即时的客户支持，使产品和服务相融合。消费者在使用产品的过程中所产生的数据反馈，可以用来优化产品设计和服务流程，进而实现持续的市场拓展和品牌忠诚度的提升。

第二章　数字经济时代的客户分析

第一节　数字经济时代的客户数据收集与整理

一、客户数据收集

客户数据收集是进行客户分析，实现客户精准定位的前提。通过系统地收集关于客户的详细信息，企业能够构建出清晰的客户画像。这些数据使企业可以对客户群体进行细分，识别出不同客户群体的特定需求和行为模式。基于这种细分，企业能够设计出更具针对性的营销策略和产品服务，从而实现精准的市场定位。

（一）客户数据收集的主要渠道

数字经济时代，客户数据收集的主要渠道有以下几种。

1. 社交媒体平台

社交媒体平台是指允许用户通过互联网创建、分享内容以及参与社交网络的在线应用或网站。这些平台的主要功能包括发布文本、图片、视频和链接，以及用户之间的互动，如评论、点赞和转发。社交媒体改变了人们沟通、消费信息和作决策的方式，对个人生活、商业营销和社会动态都产生了深远的影响。

利用社交媒体平台可以收集以下几个方面的数据。①用户行为数据。用户行为数据是指用户在社交媒体平台上的活动，如点赞、评论、分享和发布内容。这些数据是衡量用户参与度和兴趣的直接指标，能够反映用户对特定话题或产品的态度和反应。通过监控这些行为数据，企业可以识别哪些内容或话题当前最受关注，从而调整营销策略以匹配市场需求。②用户生成内容。用户生成内容包括用户在社交媒体平台上自行发布的所有类型内容，如博客文章、图片和视频等。这些内容通常更加真实，直接反映了用户的观点和情感。用户生成内容可以作为评估公众对品牌态度的资源，正面或负面的情感分析能指导品牌形象的调整。③人口统计和地理位置数据。大多数社交媒体平台提供用户的基本人口统计数据，如年龄、性别、职业和地理位置。这些信息对于客户细分和目标市场分析极为重要。

社交媒体平台收集客户数据具有以下优点。第一，社交媒体用户基数庞大，覆盖广泛的地理和人口统计区域。高用户活跃度保证了数据的丰富性和多样性，为市场研究提供了广阔的视野。第二，社交媒体数据更新速度快，能够提供实时的用户反馈和市场动态，这对于快速响应市场变化尤为重要。第三，相对于传统的市场调研方法，通过社交媒体收集数据通常成本较低，且可以较快地收集到大量数据。第四，用户在社交媒体上的互动和内容分享反映了他们的真实兴趣和偏好，这有助于企业进行精准的客户分析和市场细分。

2. 电商平台

利用电商平台进行数据收集能够获取多维度的信息，这些信息有助于企业更好地理解客户行为、优化产品和服务以及制定更有效的营销策略。通过电商平台可以收集的主要数据类型有以下几种。

（1）交易数据。①购买历史。每个用户的购买详情，包括购买的商品种类、数量、价格、购买时间等。②订单状态。包括订单生成、支付、配送及完成的各阶段状态，帮助分析物流效率和顾客满意度。③退货和换货数据。分析退换货的频率和原因，可以帮助企业了解产品的问题和消费者的期望。

（2）用户行为数据。①页面浏览记录。用户在电商平台上浏览的页面、停留的时间、点击的商品等。②搜索日志。用户在电商平台搜索的关键词，反映了用户的需求和市场趋势。③购物车数据。用户加入购物车但未完成购买的商品信息，可以用来分析购物放弃率和潜在的购买意向。

（3）客户反馈数据。①消费者对商品的评价和打分。②客户通过在线聊天、电子邮件或电话等方式与客服的互动记录，包括投诉、询问和反馈。

3. 第三方数据

第三方数据是指不直接从消费者本人那里收集的信息，而通过独立的外部来源获得的数据。这些数据通常由专业的数据供应商、市场研究公司或公共机构提供。

（1）数据种类。第三方数据的种类非常丰富，主要包括以下几种：人口统计数据，如客户的年龄、性别、收入水平、教育背景等；地理信息数据，如客户的地区分布、居住环境、地区经济状况等；生活方式数据，如客户的旅游习惯、娱乐偏好、社交活动等；信用数据，如信用评分、债务信息等，常由信用评级机构提供。

（2）来源途径。第三方数据通常通过以下几种途径获取。

第一，企业可以直接从专业的数据供应商处购买数据。数据供应商通常拥有广泛的数据收集网络和先进的数据收集技术，能够提供高质量、高精度的数据。这些数据经过精确处理和分析，适合企业直接用于市场分析、竞争对手分析以及趋势预测。此种方式的优点是数据通常比较可靠、精确，并且立即可用；缺点是可能涉及较高的成本，并且企业需要确保所购买的数据符合使用国的数据保护法规。

第二，与其他企业或组织合作，共享彼此的数据。这种方式通常发生在具有互补关系的企业之间，如供应链伙伴或不直接竞争的企业。通过数据共享，合作双方可以扩大各自的数据池，提升数据分析的深度和广度。例如，两家公司可能分别持有关于同一消费群体的不同方面的数据，数据共享可以帮助双方获得更全面的消费者画像。然而，这种方式需要严格的数据共享协议，确保数据的安全和隐私得到保护。

第三，公开数据。政府机构、国际组织和非营利机构通常会公布大量的数据，供公众免费使用。公开数据的优点是完全免费，且覆盖广泛的主题和地区，非常适合用于宏观市场分析和政策研究。然而，这些数据可能不如市场研究数据那样针对性强，且更新频率可能无法满足某些业务需求。

第四，行业报告。市场研究公司和行业协会经常发布行业报告，提供详细的行业趋势、市场分析和消费者行为研究。这些报告通常基于广泛的市场调研和数据分析，提供深入的见解和预测，对于制定企业战略尤为重要。行业报告的主要优点是它们提供了经过专家分析的高质量信息，缺点是成本可能较高，并且报告的焦点可能与企业具体需求不完全一致。

（二）客户数据收集的注意事项

企业在收集客户数据时，需要细致地处理和谨慎地操作，以确保数据的有效性和合法性。具体来说，要注意以下几点。

1. 遵守隐私法规

（1）确保收集数据前获得用户的明确同意。确保在收集数据前获得用户的明确同意是法律和道德的基本要求。用户同意应基于对数据收集的目的和用途的充分了解，并应主动、自愿地给出。为此，企业需要设计清晰易懂的同意表达方式，如使用明显的勾选框或同意按钮，并确保没有预设的选择，以避免"默认同意"情况的发生。用户同意不应是获取服务的前提条件，除非这些数据对于服务的提供是必需的。这种做法有助于提升用户对企业的信任，确保数据收集活动的合法性和道德性。

（2）透明地告知用户数据收集的目的、使用方式以及存储期限。首先，企业收集客户数据时应详细说明数据收集的目的，确保用户明白自己的数据如何和为何被使用。其次，企业需要告知用户数据将被存储多久以及数据存储的安全措施。数据的存储期限应当与收集目的直接相关，并且在达成目的后不应无限期存储用户数据。透明地分享这些信息可以减少用户的疑虑，增强企业的可信度。最后，企业还应该清楚地描述数据使用的方式，包括是否会与第三方共享用户数据。如果数据需要跨境传输，用户也应被明确告知，并了解相关的数据保护措施。

（3）为用户提供查看、修改或删除其个人信息的途径。企业必须为用户提供方便的手段来访问、审核、修改或删除他们的个人数据。这通常通过用户账户设置中的隐私设置部分实现，允许用户随时查看和更新自己的信息。除了基本的编辑和更新功能外，用户还应有权要求企业删除其个人数据，特别是在数据不再符合原收集目的时。企业在处理这些请求时应迅速且不得收费，且需要确保所有相关的备份和副本也同步更新。

2. 确保数据的质量和准确性

高质量的客户数据是实现精准客户定位的基础。数据的准确性、完整性和时效性直接影响分析结果的可靠性。

第一，使用先进的数据收集工具。先进的数据收集工具不仅能够自动化数据收集过程，减少人为错误，还能通过复杂的算法帮助企业从大量数据中提取有价值的信息。

第二，从多个渠道收集数据。为了增强数据的维度和复合性，从多个渠道收集数据是极其重要的。每个渠道提供不同类型的数据，反映了客户的多样化行为和偏好。通过整合这些多样化的数据源，企业不仅可以提高数据的丰富性和多维性，还能通过交叉验证信息来增强数据的可靠性。例如，通过比较线上和线下的客户行为数据，企业可以识别出潜在的数据错误或异常，进一步提高数据的准确性。

3. 注重用户体验和品牌形象

在客户数据收集过程中，注重用户体验和维护品牌形象是至关重要的。良好的用户体验可以增强品牌忠诚度和提高客户满意度，而不当的数据收集方法可能导致用户反感，甚至损害品牌信誉。

第一，确保数据收集过程尽可能透明和对用户友好。为了确保收集过程对用户友好，企业应设计简洁明了的用户界面，使用户容易理解和操作。例如，在网站或应用中嵌入数据收集表单时，应避免复杂或技术性的语言，使用用户能够轻松理解的术语。同时，提供明确的选项让用户选择同意或拒绝共享数据，确保用户能够自主决定。

第二，避免可能使用户感觉侵扰性的收集方法。过度侵入式的数据收集方法，如不断弹出的窗口或频繁的在线调查，很容易引起用户的不满和烦恼。这不仅影响用户体验，还可能导致用户对品牌产生负面看法。为避免这种情况，企业应当合理安排数据收集的频率和形式。在设计数据收集策略时，企业应考虑用户的感受和便利性，尽量减少对用户操作的干扰。例如，可以在用户体验的自然停顿点，如完成交易或达成里程碑后，才发送调查请求。此外，企业可以利用已有的互动环节收集数据，而不是额外添加步骤，从而降低对用户体验的影响。

4.加强数据安全保护

（1）实施强有力的数据安全保护措施。数据安全是保护客户信息的首要任务。企业应采取一系列技术措施来确保数据在传输和存储过程中的安全。首先，加密技术应广泛应用于数据传输和存储阶段，这可以防止数据在传输过程中被拦截或在未授权访问存储系统时被读取。使用强加密标准（如 TLS 协议用于数据传输，AES 用于数据存储）是行业内的最佳实践。其次，定期进行安全审计也至关重要。这包括定期检查和评估数据保护措施的有效性，如审查访问控制策略、检测系统漏洞以及评估防御措施是否能够抵御最新的安全威胁。通过这些定期审计，企业可以及时发现和解决安全隐患，从而减少潜在的安全风险。

（2）为员工提供数据保护培训。人为因素常常是数据泄露的一个主要原因。因此，为员工提供数据保护培训至关重要，以确保每名员工都了解如何安全处理和存储客户数据。培训内容应包括数据保护的基本原则、公司的隐私政策以及在日常工作中处理数据的具体操作指南。此外，培训还应涵盖如何识别和应对网络钓鱼攻击、恶意软件等常见的安全威胁。确保员工能够识别可疑的电子邮件或链接，并知道在遇到安全问题时应采取的正确行动，是预防数据泄露的重要一环。

（3）准备应对数据泄露的应急计划。尽管采取了多种预防措施，但数据泄露的风险仍然存在。因此，企业必须准备一套详尽的应急计划，以便在数据泄露事件发生时迅速应对。应急计划应包括如何尽快控制损害、评估泄露的范围、通知受影响的用户和相关机构。通知程序应符合相关法规的要求，明确何时、如何以及向谁报告数据泄露事件。此外，应急计划还应包括与外部安全专家合作的步骤，以帮助调查事件原因、恢复受损系统，并采取措施防止未来再次发生类似事件。

二、客户数据整理

数据整理能够及时发现并纠正错误信息，如客户提供的虚假姓名或联系方式、销售人员输入的错误客户信息、营销人员为了达到业绩目标而编造的数据，以及其他各种潜在的数据错误和虚假信息。进行客户数据整理的意义体现在以下几个方面。①数据整理能够提高数据质量。不准确或虚假的数据会直接影响企业对市场和客户行为的分析，导致错误的业务决策和营销策略。通过对数据进行清洗和验证，企业可以确保使用的数据是真实有效的，从而提高决策的准确性和营销活动的有效性。②数据整理有助于提升客户满意度和忠诚度。准确的客户信息能够帮助企业更好地理解客户需求和偏好，实现个性化服务和沟通，增强客户体验，从而提升客户满意度和忠诚度。③数据整理能够提高数据的安全性和合规性。随着数据保护法规的日益严格，企业需要确保收集和使用的客户数据符合相关法律法规的要求。数据整理不仅有助于识别和删除不合规的数据，还可以加强数据的安全管理，防止数据泄露和滥用，维护企业声誉和客户信任。

进行客户数据整理可以从以下几个方面着手。

首先，数据分析人员需要通过经验判断来评估客户数据的准确性。在现实操作中，数据错误是常见的问题，如手机号码位数错误或电子邮件格式不正确。这些明显的错误数据需要被及时识别和清除。除此之外，数据分析人员还应利用其专业知识来识别和纠正那些不那么明显的错误，如不符合地区编码的电话号码或不合逻辑的年龄数据。这一过程不仅需要依靠数据分析技术，还需要结合业务知识，确保数据清洗过程既高效又准确，为后续的数据分析和应用打下坚实的基础。

其次，通过相关字段的对比来了解数据的真实度。可以通过对比客户数据中的不同字段（如地址和邮编、电话号码和地区代码等）来检查数据的一致性和准确性。例如，如果客户提供的城市名称和相应的邮政编码不匹配，这份数据就很可能存在问题。同样，通过对比客户的注册信息和交易记录中的一致性，也可以识别出不真实或错误的数据。这种对比不仅可以帮助数据分析人员发现数据中明显的错误，还能揭示数据中潜在的不一致性，从而提高数据的真实度和可靠性。

再次，使用数据清洗工具去除数据中的空格、非法字符。在数据收集和输入过程中，经常会出现多余的空格、特殊符号或非法字符，这些都会影响数据的处理和分析。通过使用数据清洗工具，可以自动识别并清除这些无效的内容，保证数据的格式统一和清洁。这不仅有助于减少手动清理的工作量，还能避免由于人为疏忽导致的错误，确保数据分析的准确性。

最后，对已经确认格式和逻辑正确的数据进行测试。即使数据经过了初步的清洗和校验，仍然有必要通过测试工具进行进一步的检验。包括对数据的完整性、一致性和逻辑性进行测试，确保所有数据都符合业务规则和预期。例如，可以通过设置特定的测试场景来模拟数据应用过程，检查数据在实际使用中是否能够保持其准确性和稳定性。

第二节　数字经济时代的客户需求与行为分析

客户分析是指企业在拥有客户基本数据的情况下，运用相关数据进行统计、分析，从而为客户精准定位的实现提供依据。以下主要介绍客户需求分析和客户行为分析。

一、客户需求分析

在进行客户需求分析时，企业需要深入挖掘和理解数据背后的具体含义，从而了解客户的真实需求并提供个性化的服务。客户需求分析可以从以下四个角度进行。

第一，综合利用客户的环境信息和行为数据进行全面分析。环境信息包括客户的地理位置、天气状况、社会经济环境等，而行为数据则包括客户的浏览记录、点击行为、购买历史等。通过将这些数据整合在一起，企业可以构建出客户的全面画像，了解客户的生活环境和消费行为。例如，分析客户的地理位置和天气状况，可以发现某些产品在特定地区和气候条件下的销售情况，从而制定有针对性的营销策略。行为数据的分析可以帮助企业识别客户在不同时间段和情境下的需求变化，提供更精准的产品推荐和服务。综合利用环境信息和行为数据，可以揭示客户的潜在需求和消费动机，帮助企业制定更加科学的市场策略，提高客户满意度和忠诚度。

第二，从客户的购买行为和模式中提取信息。客户的购买行为和模式是揭示其真实需求的重要数据来源。通过分析客户的购买记录，企业可以了解客户的偏好、购买频率、购买周期等信息。例如，某些客户可能经常购买特定品牌或类型的商品，这表明他们对这些产品有较高的偏好和忠诚度。通过分析购买行为，企业还可以识别出客户的购买决策过程，如客户在购买前是否会进行大量的产品对比和评论查看，或者是通过哪些渠道获得产品信息。了解这些购买模式，可以帮助企业优化产品展示和营销渠道，提高客户的购买体验和转化率。购买行为分析还可以发现客户的购买周期和复购率，帮助企业制订会员计划和促销活动，提升客户的生命周期价值。

第三，对客户数据进行深入分析，以识别消费者行为背后的深层次原因。这涉及对客户心理、动机和价值观的研究。例如，通过数据挖掘和分析，可以发现客户在购买某些产品时更关注的是价格、质量还是品牌，这反映了客户在消费决策中的优先考虑因素。进一步的分析可以揭示客户对某些产品的情感和心理需求，如安全感、身份认同和自我实现等。此外，通过对客户反馈和评论的分析，企业可以了解客户对产品和服务的真实感受和期望，发现影响客户满意度和忠诚度的关键因素。深入的客户数据分析还可以帮助企业识别不同客户群体的特征和需求差异，制定差异化的营销策略和产品方案。通过识别消费者行为背后的深层次原因，企业可以更好地满足客户需求，提升品牌形象和市场竞争力。

第四，利用客户数据来提供个性化服务。通过对客户行为的深入理解，企业可以发现客户的具体需求，甚至在客户自己尚未完全意识到这些需求之前，企业就能提供解决方案。这不仅能够提升客户满意度和忠诚度，还能够帮助企业在竞争中脱颖而出，通过提供量身定制的产品和服务来满足客户的独特需求。

二、客户行为分析

（一）客户商业行为分析

客户的商业行为分析主要是通过客户的资金分布情况、流量情况、历史记录等方面的数据来分析客户的综合状况，主要包括以下三个方面。

1. 升级销售和交叉销售分析

升级销售和交叉销售是企业提升客户价值和增加收入的重要手段。升级销售指的是向客户推荐更高版本或更高价格的产品，而交叉销售则是向客户推荐相关或互补的产品。通过分析客户的购买历史、偏好和行为，企业可以识别出哪些客户有潜力进行升级或交叉销售。例如，购买了基础版软件的客户可能需要更多功能，可以向他们推荐高级版；购买了相机的客户可能需要配件，如镜头或存储卡。通过精准的升级和交叉销售分析，企业可以提供更符合客户需求的产品推荐，提升客户满意度，同时增加销售额和客户生命周期价值。

2. 客户流失分析

客户流失分析是企业了解客户流失情况并采取相应措施的重要手段。客户流失率指在特定时期内，失去的客户数量占总客户数量的比例。客户流失分析可以从以下三个角度进行。

（1）识别流失客户的特征和行为模式。企业可以通过历史数据分析流失客户的共同特征，如购买频率下降、互动次数减少、服务使用率降低等。这些数据可以帮助企业识别潜在的流失信号和风险群体。例如，如果发现特定客户群体在取消服务前有相似的行为模式，企业就可以在这些行为发生之前介入，通过改进服务或提供特别优惠来减少客户流失。

（2）进行客户满意度调查和反馈分析。企业应定期收集并分析客户满意度调查结果，注意任何满意度下降的趋势或特定的不满因素。通过直接听取客户的声音，企业可以了解客户流失的直接原因，并有针对性地解决这些问题。此外，分析客户投诉和负面反馈也能提供客户流失的重要线索。

（3）分析竞争环境变化对客户流失的影响。市场竞争对手的变化、新产品的引入或行业趋势的变动都可能影响客户的留存。通过监测行业动态和竞争对手策略，企业可以及时调整自己的市场策略，改进产品和服务，从而降低客户流失率。同时，了解客户转向竞争对手的原因也有助于企业改进自身的弱点，增强客户黏性。

3. 客户保持力分析

每家企业都有自己重点保护的客户群，如 VIP 用户，企业应通过用户细分，寻找值得被保护的用户，使他们得到自己最贴切的服务以及最优惠的价格。细分标准可以是单位时间交易次数、交易金额、结账周期等指标。

（二）客户决策行为分析

分析客户的决策行为可以了解客户的心理特征，从客户的想法入手，预测其目前的需求，以满足其需求为目的进行精确营销。因此，研究客户决策行为有很重要的意义。下面从客户的决策路径以及影响客户决策行为的因素两个方面对客户决策行为进行分析。

1. 客户的决策路径

客户的决策路径是指客户从认知到最终购买产品或服务的全过程。了解客户的决策路径可以帮助企业制定更有效的营销策略，提高客户转化率。数字经济时代客户的决策路径主要有以下几种。

（1）AIDMA 路径。

① Attention（注意）。在这个阶段，客户首先注意到产品或服务。这可能是通过广告、社交媒体、口碑等途径实现的。企业需要在这一阶段吸引客户的注意力，通过吸引人的广告、促销活动或社交媒体互动来

提高品牌知名度。

②Interest（兴趣）。当客户对产品或服务产生兴趣时，他们会进一步了解更多信息。这一阶段，企业需要提供详细的产品信息、功能介绍和优势对比，引起客户的兴趣。例如，通过产品展示、客户评价和使用案例来增强客户的兴趣。

③Desire（欲望）。在产生兴趣之后，客户会开始产生购买欲望。企业需要激发客户的购买欲望，通过情感营销、限时优惠和独特卖点来吸引客户。例如，展示产品的独特价值和与众不同之处，让客户觉得必须拥有这个产品。

④Memory（记忆）。在产生购买欲望之后，客户会将产品信息存储在记忆中，等待合适的购买时机。企业需要通过持续的营销和品牌沟通来保持客户的记忆。例如，通过定期的电子邮件、社交媒体互动和再营销广告来提醒客户。

⑤Action（行动）。最后，客户会做出购买决定并采取实际行动。在这一阶段，企业需要提供便捷的购买渠道、优质的客户服务和愉快的购物体验，确保客户顺利完成购买。例如，优化网站的用户体验，提供多种支付方式和快捷的物流服务。

（2）AISAS路径。随着互联网的兴起，客户的决策路径发生了显著变化。传统的AIDMA模型逐渐失去了作用。2005年，日本电通集团提出了新的消费者行为分析模型——AISAS模型，即Attention（注意）、Interest（兴趣）、Search（搜索）、Action（行动）、Share（分享），更加适用于解释互联网时代的消费者购物决策分析历程。AISAS路径当中的两个"S"，是互联网时代营销模式的突破点，凸显现代互联网中搜索和分享对用户决策的重要性，也标志着互联网对用户购买决策行为的改变。

（3）"5A"路径。"5A"分别为Aware（了解）、Appeal（吸引）、Ask（问询）、Act（行动）和Advocate（拥护）。该理论关注消费者与品牌的互动、消费者与消费者之间的横向交流、消费者对品牌的拥护程度，鼓励品牌主在营销时，把精力放到增强互动、改善渠道和改善用户体验上，通过优化品牌与消费者的关键触点，促使消费者产生质变。"5A"

路径具体内容见表 2-1。

表 2-1 "5A" 路径

项目	Aware	Appeal	Ask	Act	Advocate
用户行为	客户被动地接受来自过去产品体验、营销互动和其他人的体验等多方面的各种产品信息	客户处理已知的信息,将其加工成短期或者长期信息,并选定几个中意的品牌	受到好奇心驱使,客户积极跟进吸引他们的品牌,从家人、朋友、媒体甚至产品本身获取信息	获得足量信息后,客户做出购买选择,根据购买、使用和服务程度进行进一步产品交互	随着时间推移,客户越来越忠于品牌,并反映在留存率、复购率、最终的品牌拥护上
可能的客户触点	从他人处知晓品牌,无意间接受品牌推广,想起过去的用户体验	被品牌吸引,形成心仪的品牌清单	向朋友寻求帮助,在网上查看使用评价,拨打客服热线,比价,在实体店购买	在线上或线下购买,首次使用产品,反馈问题,享受服务	继续使用,再次购买,推荐给他人
客户印象关键词	我知道	我喜欢	我相信	我要买	我拥护

（4）AIPL 路径。AIPL 具体是指 Awareness（认知）、Interest（兴趣）、Purchase（购买）和 Loyalty（忠诚）。该路径模型详细描述了用户"看到—点击—产生兴趣—购买"的过程。客户首先通过广告、社交媒体、口碑等途径认识到品牌或产品的存在。当客户对品牌或产品有了初步了解后,他们会产生兴趣并进一步关注相关信息。在客户对产品产生兴趣后,他们会做出购买决策并最终购买产品。客户在购买并使用产品后,如果对产品和服务感到满意,他们会成为品牌的忠实客户,并可能会进行重复购买和推荐他人。

（5）AARRR 路径。AARRR 是指 Acquisition（获取）、Activation（激

活）、Retention（留存）、Revenue（变现）和 Referral（推荐）。

① Acquisition（获取）。这是用户生命周期的起点，指企业通过各种渠道吸引潜在用户，促使他们初次接触和了解产品。

② Activation（激活）。在用户了解产品后，企业需要确保用户在初次使用产品时获得积极的体验，这一过程称为激活。激活的目的是让用户尽快理解和体验到产品的核心价值，从而提高他们的使用意愿。例如，通过简化的注册流程、引导式教程和首次使用奖励来提高用户的激活率，让用户在第一次使用时就能感受到产品的便利和好处。

③ Retention（留存）。激活之后，企业需要确保用户持续使用产品，这一阶段的关键是留存率。留存率是衡量用户忠诚度和产品价值的重要指标。企业可以通过提供持续的价值、定期更新、个性化推送和优质的客户服务来提高用户留存。

④ Revenue（变现）。变现阶段是指通过各种方式将用户转化为收入。这可以通过直接销售、订阅模式、应用内购买、广告收入等多种方式实现。

⑤ Referral（推荐）。满意的用户往往会将产品推荐给其他人，这一阶段是推荐。推荐不仅能够增加新用户，还可以降低获取成本。

2. 客户决策行为的影响因素

影响客户决策行为的因素有两大方面。一方面是客户对价值的评估，即对得到的利益与付出成本之间的评估；另一方面是客户自身因素，主要指客户的心理因素和个人特征。

（1）价值影响因素。价值影响因素主要有以下几点。

①产品和服务质量。产品和服务质量是影响客户决策行为的重要因素之一。高质量的产品和服务能够满足客户的需求和期望，从而提升客户的满意度和忠诚度。客户在评估产品质量时，通常会考虑产品的耐用性、功能性、设计和品牌声誉等方面。而服务质量则包括售前咨询、购买过程中的体验、售后服务等。优质的服务可以增强客户的购买信心，提高复购率。例如，一个提供快速响应和专业支持的客服团队能够显著提升客户对品牌的好感和信任感。

②货币因素。货币因素主要指产品或服务的价格及其相对价值。客

户在决策过程中会比较产品的价格与其实际价值，判断是否物有所值。价格过高可能会让客户望而却步，而价格过低则可能让客户质疑产品的质量。此外，促销活动、折扣、付款方式和退换货政策也会影响客户的购买决策。

③时间因素。时间因素是指客户在购买决策过程中所需花费的时间以及产品或服务的交付时间。客户往往希望在最短的时间内完成购买，并尽快收到产品或享受服务。如果购买过程过于复杂或交付时间过长，可能会导致客户放弃购买。

④便捷因素。便捷因素包括购买过程的便利性和产品或服务的使用便利性。客户希望在购买过程中能够轻松获取所需信息、方便地完成交易，并享受到便捷的支付和配送服务。同时，产品或服务的使用也应当简单易懂，易于操作。如果客户在使用过程中遇到困难，可能会对产品或品牌产生负面印象。

（2）客户自身因素。

①客户心理因素。客户的心理因素在购买决策中起着至关重要的作用。心理因素可以大致分为三类：感知性心理、经验性心理和情感性心理。

感知性心理指的是客户的直觉、意识、感觉和知觉。这些因素是客户在决策过程中最初的反应和判断。客户的直觉反应通常基于他们对品牌或产品的第一印象。例如，精美的包装和吸引人的广告设计可以立即引起客户的注意和兴趣。客户的意识包括他们对产品信息的主动认知和理解。企业可以通过产品展示、详细的描述和功能介绍来影响客户的认知。客户的感觉和知觉是他们通过感官接收到的刺激，并对这些刺激进行解释。例如，产品的质感、颜色和气味都会影响客户的购买决策。

经验性心理包括客户的学习、记忆和联想，这些因素是基于客户过去的经验和信息获取过程。学习是指客户通过接触产品和品牌，逐渐积累经验和知识。例如，一个客户如果多次购买同一品牌的产品并且都很满意，他就会对该品牌产生信任，并倾向于再次购买。客户的记忆在决策过程中扮演重要角色。积极的购买体验和满意的服务会在客户记忆中留下深刻印象，影响他们未来的选择。此外，客户会将品牌与某些特定的概念或情感联系起来。这种联想可以通过广告、品牌形象和口碑来建立。例如，一个绿色环保的品牌可能会让客户联想到健康和可持续发展。

情感性心理包括客户的情绪、态度和意志，这些因素直接影响客户的购买动机和决策过程。客户的情绪状态可以显著影响他们的购买行为。例如，积极的情绪如兴奋和愉快会促进冲动购买，而消极的情绪如焦虑和沮丧可能会抑制购买意愿。客户的态度反映了他们对品牌或产品的总体评价和感受。正面的态度会增强购买意愿，而负面的态度则可能导致客户选择其他品牌。意志是客户在决策过程中表现出的决心和坚持。客户可能会在多种选择之间权衡，最终做出购买决定。意志力强的客户通常会更坚定地追求他们认为最有价值的产品或服务。

②客户个人特征。每个客户都是一个独立的个体，因此具有不同的人生观、价值观和消费观，这些都会影响其消费决策。由于每个人的个性特点不同，其个性化需求增加，每个客户的决策更加不同。

（三）客户购买行为分析

客户每天都会做出很多消费决策进而产生购买行为。企业要做的就是让客户从这些购买行为中得到满足，达到使他们满意的目标。企业要想知道如何从客户的购买行为中完成企业的目标，就要对客户的购买行为进行分析。

1.购买动机

客户的购买动机是指驱使他们采取购买行动的内在原因。购买动机可以分为功能性动机和情感性动机。功能性动机是指客户希望通过购买某种产品或服务来满足实际需求，如实用性和功能性。例如，客户购买一台新电脑可能是因为需要更快的处理速度和更大的存储容量。情感性动机则是指客户通过购买行为来满足情感需求，如自我表达、身份认同和社交需求。例如，客户购买奢侈品可能是为了显示社会地位和提升自我形象。

2. 客户购买行为类型

（1）复杂型购买行为。复杂型购买行为通常发生在客户购买高价位或高风险产品时。这类产品往往涉及较大的财务支出或对生活有重大影响，如购买汽车、房屋或高端电子设备。客户在这种情况下会表现出极高的参与度和谨慎态度，他们会进行深入的研究和评估，以确保做出最佳决策。

（2）习惯型购买行为。习惯型购买行为是指客户对某种产品或品牌形成习惯后表现出的重复购买行为。这类行为通常发生在低价位、低风险的日常用品上，如食品、清洁用品和个人护理产品。客户由于对产品或品牌的熟悉和信任，往往不再进行复杂的决策过程，而是直接进行重复购买。

（3）寻求多样性购买行为。寻求多样性购买行为发生在客户在同一产品类别中追求多样性和新奇感的情况下。例如，客户可能会尝试不同品牌和口味的零食、饮料或护肤品。这类客户通常对新产品持开放态度，并乐于尝试新鲜和独特的商品。

（4）消极型购买行为。消极型购买行为指的是客户对某种产品或服务缺乏兴趣或认知度，购买行为可能受到环境和外界因素的影响。例如，客户在超市随机购买某种不熟悉的产品，往往是因为产品位置显眼、价格促销或朋友推荐。消极型购买行为通常涉及低价位、低参与度的产品，客户在购买前的决策过程较为简单。

（四）客户忠诚度行为分析

客户忠诚度行为分析是研究客户对品牌或产品的长期偏好和持续购买行为。这一分析有助于企业了解客户忠诚度的驱动因素，并制定有效的策略来维持和提升客户忠诚度。客户忠诚度行为分析可以从以下几个方面进行。

1. 客户忠诚度的类型

客户忠诚度可以分为态度忠诚和行为忠诚。态度忠诚是指客户对品牌的积极态度和情感上的偏好，即客户在心理上更倾向于某一品牌。行为忠诚则是指客户的实际购买行为，即客户反复购买某一品牌的产品或服务。两者密切相关，态度忠诚往往会转化为行为忠诚，而行为忠诚也可以通过良好的体验进一步强化态度忠诚。

2. 影响客户忠诚度的因素

（1）产品质量和服务质量。高质量的产品和服务是客户忠诚度的基础。客户在购买过程中，如果对产品和服务感到满意，就更有可能成为忠实客户。企业需要持续关注产品质量和改进服务，确保客户的期望得到满足。

（2）客户体验。客户体验包括客户在购买过程中和购买后的所有互动和感受。良好的客户体验包括便捷的购买流程、迅速的客户服务响应、贴心的售后服务等。优化客户体验有助于提高客户满意度和忠诚度。

（3）品牌形象和声誉。品牌形象和声誉对客户忠诚度有着重要影响。一个具有良好品牌形象和声誉的企业更容易赢得客户的信任和忠诚。企业需要通过品牌营销、社会责任活动和公关策略来建立和维护品牌形象。

（4）客户关系管理。有效的客户关系管理可以帮助企业与客户建立长期的、积极的关系。企业可以通过个性化的沟通、会员计划、奖励机制等方式，增强客户的归属感和忠诚度。例如，通过生日祝福、专属优惠和忠诚度积分等方式，与客户保持良好互动。

3. 客户忠诚度的衡量

衡量客户忠诚度的指标主要有以下几个。

（1）客户保持率。客户保持率是衡量在特定时间内留存的客户比例。高保持率意味着客户对品牌有较高的忠诚度和满意度。

（2）客户终身价值。客户终身价值是指客户在整个生命周期内为企业带来的总收入。通过计算客户终身价值，企业可以了解每个客户的长期价值，并制定相应的忠诚度提升策略。

（3）重复购买率。重复购买率是指在特定时间内重复购买同一品牌产品或服务的客户的比例。高重复购买率表明客户对品牌有较高的忠诚度。企业可以通过跟踪客户的购买历史，计算重复购买的频率和数量来评估客户忠诚度。

（4）推荐率。推荐率是指客户在与他人交流时推荐品牌的频率。高推荐率通常意味着客户对品牌有较高的忠诚度。企业可以通过直接询问客户是否愿意推荐品牌，或者分析社交网络上的推荐内容来评估推荐率。例如，通过客户回答"你有多大可能向朋友或同事推荐我们的产品/服务"这一问题来衡量客户的忠诚度。得分高的客户被认为是忠诚的推荐者，得分低的客户则可能是潜在的流失者。

第三章　数字经济时代企业市场营销组合策略

第一节　数字经济时代企业市场营销的产品策略

一、数字经济时代的产品概念界定与分类

（一）数字经济时代产品概念的延伸

在传统营销观念中，产品主要指具有特定形态和用途的物品，即有形的物品，是企业向市场提供的具体商品。然而，随着市场环境的变化和消费者需求的多样化，现代市场营销学对产品的理解已扩展到一个更广义的层面。广义的产品是指企业向市场提供的能够满足人们某种需求的有形产品和无形服务，包括三个层次，即核心产品、形式产品、附加产品。核心产品是指满足消费者基本需求的核心利益或效用，是产品的最内在层次，代表了消费者购买产品的根本理由；形式产品是实现核心产品的具体载体，是消费者购买产品时可以感知的部分，包括产品的质量、功能、品牌等；附加产品是指消费者购买过程中和购买后获得的附加利益和服务，如售后服务、产品保障等。

在数字经济时代，产品的概念进一步扩展。具体来讲，产品是企业提供到市场引起人们注意、需要和消费的东西。产品的构成也扩展至五个层次，即核心产品、一般产品、期望产品、扩大产品和潜在产品。

核心产品的含义与原来相同，强调产品提供给消费者的核心利益；一般产品与原来的形式产品类似，是指同种产品通常具备的具体形式和特征，包括产品的质量、功能、款式、品牌、包装等，是核心利益的物

质载体；期望产品是指符合目标消费者一定期望和偏好的某些特征和属性，即消费者在购买产品前对所购产品的质量、使用性、特点等方面的期望值；扩大产品与原来的附加产品类似，但还包括区别于其他竞争产品的附加利益和服务，在购买后的使用过程中，消费者会发现这些利益和服务中总会有一些内容对消费者有较大的吸引力，从而有选择地去享受其中的利益或服务；潜在产品是指未来可能提供的创新服务或附加功能，这些潜在的创新可以为消费者带来新的体验或附加价值，如提供定制化服务或技术支持。

（二）数字经济时代产品的分类

根据产品的形态和性质，可以将数字经济时代的产品分为两大类：实体产品和虚拟产品。

1. 实体产品

实体产品是指具有物理形态的商品，这些商品可以被触摸、看到和度量。实体产品包括各种日常消费品和耐用消费品，如电子产品、家用电器、服装、食品、书籍、家具等。

2. 虚拟产品

虚拟产品是指没有物理形态，但可以提供实际使用价值和体验的产品。这类产品包括数字内容、软件、在线服务、虚拟商品等。

数字内容包括电子书、音乐、电影、视频、数字艺术品等。消费者可以通过购买或订阅的方式获取这些内容，通常通过下载或流媒体形式进行消费。数字内容的优势在于即时性和便利性，消费者可以随时随地访问和使用。软件和应用程序包括操作系统、办公软件、游戏、应用程序等。软件产品可以通过在线购买和下载来获取，用户可以根据需求选择免费或付费版本。随着 SaaS 模式的普及，越来越多的软件产品以订阅形式提供。在线服务包括在线教育、云存储、流媒体服务、在线咨询等。这类产品通常通过订阅方式提供，消费者可以按月或按年支付费用，享受持续的服务和支持。虚拟商品是指存在于虚拟环境中的物品，用户通过在线购买这些商品来提升游戏体验或增强虚拟形象。虚拟商品广泛应用于网络游戏、虚拟世界和社交媒体平台。

二、数字经济时代的产品开发思维与流程

（一）数字经济时代的产品开发思维

传统的产品开发思维相对固定且封闭，主要依赖开发人员的主观判断。比如，在家电产品的开发设计过程中，设计团队通常会非常重视市场调研，并在设计中充分考虑调研所揭示的用户需求。然而，这种方式往往忽略了对用户潜在需求的挖掘和对未来发展趋势的准确预测，导致效率低下。这主要是因为传统的调研数据是静态的，受访者的即时反应具有一定的主观性和可能的误导性，同时数据量的局限性使设计师难以全面掌握未来产品的趋势并体现具体的创新点。数字经济时代，通过大数据的处理及分析，企业决策者及设计师能够依据更为高效、真实、客观的数据对用户需求展开预测，并以需求驱动和更为合理的方式进行产品开发。总的来说，以大数据为基础的产品开发思维具有以下几个方面的特征，如图 3-1 所示。

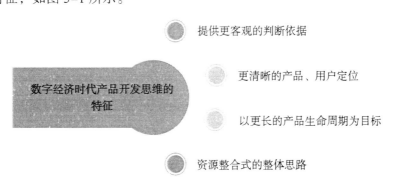

图 3-1　数字经济时代产品开发思维的特征

1. 提供更客观的判断依据

在数字经济时代，产品开发不再依赖于开发人员的主观判断和经验，

而是更多地依托大数据和分析工具来提供客观的判断依据。通过数据的收集和分析，企业能够获取海量的市场信息和用户行为数据，这些数据涵盖了用户的购买习惯、使用反馈、消费趋势等方面。大数据分析工具可以从这些数据中提取出有价值的信息，帮助企业识别市场的真实需求和用户的潜在偏好，从而减少决策过程中的主观偏差。这样的客观数据支持能够帮助企业在产品开发的各个阶段作出更为准确和科学的决策，包括产品定位、功能设计等。

2. 更清晰的产品、用户定位

产品定位的精准与否是影响一款产品能否成功的重要因素，取决于决策者对市场整体状况判断的准确与否。基于大数据的处理分析，产品在市场中所处的层次、需求量的多少、与同类产品相比较的优势劣势，哪些人将会是潜在的用户群体、他们的消费特点及行为方式等因素会以智能、动态的方式呈现出来，因此开发者能够对产品和用户进行更加精准的定位。

3. 以更长的产品生命周期为目标

一款产品从生产、流通、使用到废弃的周期通常遵循一定的规律，这些规律由市场需求、消费者行为以及相关法律、政策等多方面因素共同决定。越能够满足消费者需求和利益的产品，其生命周期通常越长，从而为企业带来持续的利润增长。在数字经济时代，借助大数据分析，企业可以以较低的成本获得消费者的实时反馈，并迅速进行产品的改良和创新。这样，企业能够不断优化产品，使其更加符合市场需求，从而延长产品的生命周期，保持在市场中的竞争优势。

4. 资源整合式的整体思路

产品开发过程本质上是一种资源整合的行为。然而，在传统产品开发中，企业常常受到行业封闭性和信息交流不畅的限制，难以高效地找到所需的资源，导致开发进程缓慢。通过大数据的应用，企业能够迅速获取海量信息，找到与自身需求相匹配的资源。这使企业可以快速整合产品开发的上下游环节,形成一个灵活、针对性强的开发链条。这样一来,企业能够更加高效地开展产品开发活动,加速产品的上市进程,同时更好地应对市场变化和消费者需求。

(二)数字经济时代的产品开发流程

1. 需求分析与市场调研

(1)数据驱动的市场分析。在数字经济时代,数据驱动的市场分析成为产品开发的基础。通过使用大数据分析工具,企业可以从海量的在线和离线数据中提取有价值的信息,发现潜在的市场机会和未被满足的消费者需求,从而制定精确的市场定位和产品策略。

(2)进行用户体验研究。用户体验研究旨在深入理解用户的需求、期望和使用习惯,从而设计出用户友好且高效的产品。用户旅程映射是一种可视化的研究工具,它描绘了用户在使用产品过程中的各个触点和情感体验。这有助于识别用户痛点和满意点,从而优化产品设计。

2. 概念设计与原型开发

第一,使用计算机辅助设计、3D建模和虚拟现实等技术进行概念设计和视觉化原型开发。在数字经济时代,产品概念设计和原型开发受益于先进的数字工具,如计算机辅助设计、3D建模和虚拟现实技术。这些工具使设计师和工程师能够创建精确的数字模型,极大地提升了设计过程的效率和准确性。计算机辅助设计软件提供了详细的设计功能,可以生成复杂的几何形状和精细的零部件结构。这有助于在早期识别设计中的潜在问题,并在成本较低的阶段进行修正。3D建模进一步增强了这一过程,使设计团队能够构建和操作产品的三维模型,从不同角度观察和评估设计的可行性和美学效果。虚拟现实技术则带来了沉浸式的体验,允许团队和潜在客户"进入"产品模型,模拟实际使用场景。这种体验不仅有助于评估产品的用户体验,还可以用于市场调研,收集真实的用户反馈。虚拟现实技术还能够模拟产品在各种环境下的表现,帮助预测可能出现的问题。这些数字工具的综合使用,使设计团队能够在短时间内多次迭代和优化产品设计,从而大幅减少传统设计过程中的时间和成本。

第二,通过敏捷开发和快速原型的方法,快速测试和调整产品概念。敏捷开发和快速原型是现代产品开发流程中的关键方法,尤其是在数字经济时代,这些方法被广泛采用。敏捷开发是一种迭代和增量的开发方法,强调小团队的协作、持续的用户反馈和快速交付。与传统的瀑布模型相比,敏捷开发允许团队在开发过程中灵活调整,快速响应市场和用户需求的变化。这种方法特别适合数字产品的开发,如软件和应用程序,因为这些产品的特性可以在开发过程中不断调整和改进。快速原型则通过创建一个功能简化但可以演示的原型,迅速验证产品概念和设计假设。原型可以是低保真度的,如线框图和草图,也可以是高保真度的,接近最终产品的实际外观和功能。通过快速构建和测试原型,开发团队能够在投入大量资源之前发现设计和功能上的问题。这种方法不仅加快了产品开发的节奏,还能大幅降低开发风险。

3. 产品开发与技术实现

在概念设计与原型开发阶段之后,产品开发进入实际的技术实现阶段。此阶段的目标是将设计和原型转化为功能完善的产品。首先,工程师对产品的结构进行详细设计,确定材料和组件。其次,制造团队创建样品并进行测试,验证设计的可制造性和功能性。样品测试通过后,准备批量生产,包括建立生产线和质量控制流程。最后,产品进入正式的批量生产阶段,确保每个产品都符合设计规范和质量标准。

4. 用户测试与反馈收集

此阶段旨在验证产品的实际使用效果和用户满意度。通过广泛的用户测试,开发团队能够识别潜在的用户体验问题和功能缺陷。常见的测试方法包括 Beta 测试、焦点小组讨论和可用性测试,这些方法帮助开发者了解用户的实际需求和期望。收集的用户反馈不仅涵盖功能和设计方面的改进建议,还包括性能、易用性和整体体验的评价。通过数据分析工具和用户反馈平台,企业可以迅速整理和分析大量的用户反馈,识别出共性问题并进行优先处理。这一阶段的有效执行有助于产品的优化，使其更加符合市场需求，提升用户满意度和忠诚度。

5. 产品维护与更新

产品维护与更新是实体产品生命周期中的持续过程，旨在确保产品的持续性能和适应市场变化。维护包括定期检查和修复产品中的潜在缺陷，确保产品在正常使用中的可靠性。更新则涉及产品的功能增强或改进，响应用户需求或技术进步。例如，产品可能会通过固件更新来增加新功能或提高安全性。企业还可能根据市场反馈和竞争对手的动向，对产品进行重新设计或升级。持续的维护和更新不仅能延长产品的生命周期，还能增强客户满意度和品牌忠诚度。此外，及时的更新和维护能够防范潜在的质量和安全风险，维护企业声誉。

三、数字经济时代下的产品定制

产品定制是指根据个体用户的特定需求和偏好，提供量身定制的产品或服务的过程。在数字经济时代，消费者对个性化和独特体验的追求日益增加，产品定制应运而生。

目前，产品定制的实现方式有三种。

（一）模块化定制

通过成熟的模块组合快速形成个性化（模块化）定制。产品模块化定制可以满足一个群体的需求，基于此实现一定的规模化。

具体实现过程包括以下步骤。

1. 模块设计

模块化定制的核心在于设计阶段，开发团队将产品分解为多个可独立开发和制造的模块。每个模块可以提供不同的功能、特性或外观选择。例如，手机的模块化设计可能包括不同的摄像头模块、电池模块和外壳颜色选择。这些模块在设计上遵循统一的接口标准，确保各模块之间的兼容性和互换性。

2. 模块组合

客户可以通过选择不同的模块组合,定制符合自己需求的产品。例如,在购买电脑时,用户可以选择不同的处理器、内存、硬盘和显卡模块,来满足其性能需求和预算。这一过程通常通过在线平台或专门的定制界面完成,用户可以在界面上直观地看到各个模块的选择及其组合后的效果。

3. 生产与交付

由于模块已经标准化和批量生产,企业可以在收到订单后迅速完成产品的组装和交付。

模块化定制具有以下优势:第一,标准化模块的批量生产降低了制造成本,提高了生产效率;第二,模块的多样性和互换性使得企业能够满足不同客户群体的个性化需求;第三,按需生产和模块化组合降低了产品滞销的风险。

(二)用户参与设计

"参与式设计"的概念源于20世纪60年代的北欧国家,它是指在产品开发的过程中,所有利益相关方都被邀请与设计师、开发师、研究者合作,一起定义问题、定位产品、提出解决方案,并对方案作出评估。

用户参与设计指的是产品的终端用户、潜在用户更深入地融入产品设计的过程。用户参与设计是高度考虑并尊重用户的一种体现,用户感受到自己是产品的创造者、设计者、改变者,研发人员则从更丰富的角度挖掘用户的意识和需求,扮演着协调者、配合者和观察者的角色,着力满足用户需求和期望。一般来说,用户参与设计的产品能更贴近消费者需求,满足消费者。

例如,某品牌是全球知名的积木玩具制造商,长期以来一直注重用户体验和创新。为了进一步提升产品开发的创新性和市场适应性,该品牌邀请全球用户参与新产品的设计。

具体实现过程如下。

(1)该品牌在其官方网站上设立了创意平台,允许用户提交自己的积木模型设计。这些设计可以是各种主题和风格，从经典建筑到科幻题材，涵盖广泛的创意领域。

（2）任何积木模型爱好者都可以在平台上提交自己的设计创意。用户需要提供详细的设计说明和模型照片，以便其他用户和企业的设计团队能够清楚地了解设计概念。

（3）提交的设计会在平台上展示，其他用户可以投票和评论。设计作品需要在一定时间内获得至少 10 000 个支持票，才能被该品牌正式考虑作为新产品候选。在这一过程中，设计者可以收到来自社区的反馈，帮助其改进设计。

（4）当设计达到投票目标后，该品牌的专家团队会对设计进行详细评审，考虑其市场潜力、技术可行性和品牌契合度，最终会选择一些设计投入生产。

（5）入选的设计会由该品牌官方团队进行优化和生产，最终成为市场上销售的正式积木套装。这些产品通常会标注设计者的名字，向他们致敬，同时激励其他用户参与设计。

（三）预售模式

预售模式是一种基于用户需求预先收集订单的生产方式。企业先通过市场推广和用户调查，收集消费者对新产品的兴趣和需求，然后根据这些预订数量进行生产。

具体实现过程如下：企业通过多种渠道收集潜在客户对新产品的需求。常见的方法包括在线平台的预售页面、社交媒体推广、电子邮件营销和线下活动等。在预售阶段，客户可以选择购买产品，通常以支付定金或全款的形式来确认购买意向。这一过程也为企业提供了真实的市场数据，包括需求的规模和产品的市场接受度。在收集到足够的订单后，企业根据预售数据制订生产计划。这种按需生产的方式降低了生产过剩和库存积压的风险，因为企业只生产已经被预订的数量。预售模式还允许企业在生产前进行一些优化，如根据客户反馈调整产品设计，或优化供应链管理，以提高生产效率和降低生产成本。

预售模式具有两个优点。第一，企业可以在生产前获得部分或全部货款，这为企业提供了宝贵的现金流，特别是在新产品开发阶段。提前收取的款项不仅可以用于生产成本的支付，还可以用于市场推广和进一步的研发投入。第二，通过按需生产，预售模式最大限度地降低了库存压力和滞销风险。

第二节　数字经济时代企业市场营销的定价策略

一、传统定价方法及其局限性

（一）传统定价方法

传统定价方法主要有成本导向定价法、需求导向定价法、竞争导向定价法。

1. 成本导向定价法

成本导向定价法是以企业的生产成本为基础来确定产品或服务的价格。这种方法主要考虑产品的生产成本，包括原材料成本、劳动成本、制造费用等，然后在此基础上加上企业希望获得的利润，从而确定最终的销售价格。具体的计算公式通常为

$$价格 = 成本 + 利润 \qquad （3-1）$$

2. 需求导向定价法

需求导向定价法是根据市场需求和消费者对产品或服务的接受程度来确定价格。企业通过市场调查、消费者行为分析等手段，了解消费者愿意支付的价格水平，以及不同价格下的需求量变化情况。然后根据这些信息来设定一个能够最大化企业收益的价格。

3. 竞争导向定价法

竞争导向定价法是以市场上的竞争对手的产品价格为基准来确定自

己的产品价格。企业通过对竞争对手产品价格的调查，了解市场价格水平和竞争对手的定价策略，然后根据自身的市场定位和竞争优势，确定一个合理的价格。

（二）传统定价方法的局限性

在数字经济背景下，传统定价方法都存在一定的局限性，下面依次进行分析。

1. 成本导向定价法的局限性

在数字经济时代，产品和服务的生产和分销成本常常受到技术进步和数字化的影响。传统的成本导向定价法可能会忽视以下因素。

（1）快速变化的技术成本。数字技术的发展可能导致生产成本迅速变化，传统定价方法可能无法及时反映这些变化。

（2）虚拟产品的低边际成本。数字产品（如软件、在线内容）的生产成本接近于零，而传统方法基于成本的定价可能无法有效管理这些产品的定价策略。

（3）市场价格和需求波动。成本导向定价法可能忽视市场需求和竞争状况的快速变化，导致定价无法适应市场的实际情况。

2. 需求导向定价法的局限性

尽管需求导向定价法在传统市场中有效，但在数字经济环境下，它也面临一些局限。

（1）数据获取的挑战。在数字环境中，虽然获取大量数据变得更加容易，但准确分析和预测消费者需求变化仍然是一个挑战。

（2）竞争对手的影响。在数字经济中，价格竞争更加激烈，需求导向定价法可能无法及时调整价格以应对竞争对手的变化，从而影响定价策略的有效性。

3. 竞争导向定价法的局限性

（1）信息过载。在数字经济中，竞争对手的价格信息和市场动态更加透明，这可能导致企业难以从中提取有用的信息，从而影响定价决策。

（2）价格战的风险。在数字经济时代，价格战更加频繁和激烈。竞争导向定价法可能导致企业陷入价格战，从而压缩企业利润空间和影响企业长期营利能力。

（3）忽略市场细分和个性化。数字经济促进了市场的细分和个性化需求的出现，竞争导向定价法可能忽略这些细分市场的特殊需求，导致定价策略不够精准。

二、数字经济时代的定价策略

传统定价方法的局限性表明，在数字经济背景下，企业需要重新审视和调整传统的定价方法，以更好地适应新兴的市场环境和竞争格局。

（一）个性化定价策略

1. 个性化定价的概念

个性化定价是指企业根据消费者的个人特征、行为习惯、购买历史和市场动态等多种因素，量身定制产品或服务的价格。个性化定价不限于产品价格，还可以包括促销、折扣和优惠券等多种形式，以实现更精准的市场定位和更高的客户满意度。

2. 个性化定价策略在数字经济时代的重要性

（1）满足个性化需求。在数字经济时代，消费者越来越追求个性化和定制化的产品和服务。个性化定价策略能够根据消费者的偏好和需求，提供更符合其期望的价格，从而提高消费者的满意度和忠诚度。

（2）提高企业竞争力。个性化定价使企业能够更灵活地应对市场变化和竞争压力，通过精准定价吸引不同细分市场的消费者。这样，企业可以在激烈的市场竞争中占据优势地位，提高市场份额和营利能力。

（3）优化利润。通过个性化定价，企业可以最大化利润。基于消费者支付意愿的定价策略能够帮助企业识别和捕捉高价值客户，同时通过差异化定价策略避免价格战和利润损失。

（4）增强客户关系。个性化定价不仅能提升消费者的购物体验，还能增强客户关系管理。通过了解消费者的需求和偏好，企业可以提供更加贴心和定制化的服务，提高客户黏性和长期价值。

（5）应对市场动态。在数字经济环境下，市场变化迅速且不可预测。个性化定价策略能够帮助企业快速响应市场动态和竞争态势，通过灵活的价格调整保持市场适应性和竞争力。

3. 实施个性化定价策略的基本要求

（1）了解消费者的支付意愿。了解消费者的支付意愿是实施个性化定价策略的前提。企业在产品成本的基础上，需要深入研究消费者对产品或服务的支付意愿，即他们愿意为此付出的最高价格。支付意愿的了解有助于企业在定价时进行合理的价格设置，从而最大化销售的可能性。具体来说，企业需要通过市场调研、消费者访谈、问卷调查等方式，收集和分析消费者的支付意愿数据。此外，借助大数据分析和人工智能技术，企业可以深入挖掘消费者的购买行为和支付习惯，进一步准确预测消费者的支付意愿。只有当企业的定价低于消费者愿意支付的最高价格时，销售才可能发生。因此，了解消费者的支付意愿不仅有助于制定科学合理的价格策略，还能够提升产品的市场竞争力和消费者的购买意愿。同时，这一过程也能够帮助企业识别高价值客户，从而在制定个性化定价策略时，针对不同的消费者群体采取差异化的定价方式，实现企业利润最大化。

（2）以大数据技术为前提，收集客户信息。在互联网环境下，客户浏览商品的次数、成交记录、评价数据等信息都可以被企业利用。通过使用 Cookies 等技术手段，企业能够从网站和其他数字渠道获取更多、更可靠的客户信息，如消费者的年龄、居住地、消费偏好、消费次数和消费力度等。企业可以通过对这些数据的分析，了解消费者的消费能力和行为特征，从而将客户分为不同类别。例如，高频次、高消费能力的客户可以被视为高价值客户，偶尔消费的客户属于低价值客户。基于这些类别，企业可以向不同类型的消费者推送有针对性的促销模式和产品服务，从而实现个性化定价。通过这种方式，企业不仅可以提高定价的精准度，还能提升促销活动的效果和客户的购买意愿。

（3）不能让顾客觉得不公平。个性化定价的核心在于根据不同消费者的支付意愿和购买行为制定差异化的价格，但这种差异化不能让消费者感到被歧视或不公平。为此，企业需要在透明度和公正性方面下功夫。首先，企业应对定价机制保持透明，明确告知消费者定价依据和原则，以建立信任感。例如，通过明确促销活动规则和折扣条件，让消费者了解为什么某些人可以享受不同的价格。其次，企业可以采用会员制度或忠诚度计划，通过积分和等级体系来解释价格差异，让消费者觉得价格差异是基于他们的忠诚度和消费习惯，而不是随机或偏向性的。再次，企业需要避免过于明显的价格歧视。例如，在相同时间和地点，避免同一商品对不同消费者的价格差异过大，以防止消费者之间的比较和不满。最后，企业还可以通过提供额外的价值服务，如优先配送、会员专享活动等，来提高消费者对个性化定价的接受度。通过这些措施，企业能够在实施个性化定价的同时，避免让顾客觉得不公平，从而维护良好的客户关系和企业形象。

（4）对产品价值进行分割，并设置门槛。企业可以将产品或服务的整体价值分解为多个可供选择的部分，并为每一部分设置不同的价格门槛，从而实现更灵活、更精准的个性化定价。例如，软件服务公司可以将其产品分为基础版、高级版和专业版，每个版本包含不同的功能和服务，针对不同支付能力和需求的消费者进行定价。基础版可以免费或低价提供基本功能，吸引更多用户体验；高级版和专业版则根据功能的增加和服务的升级，设定较高的价格门槛，满足高需求客户的期望。这样，消费者可以根据自身的需求和支付能力，选择适合自己的版本，企业则能够通过多层次的产品结构最大化市场覆盖率和利润。对产品价值进行分割还可以通过附加服务和增值服务的形式来实现。例如，基本产品可以以较低的价格提供，而附加服务（如延长保修、个性化定制等）则设定较高的价格，吸引有特殊需求的消费者购买。这种分层定价策略不仅可以满足不同消费者的需求，还能通过产品的差异化增加消费者的选择空间，增强其购买意愿。通过对产品价值进行分割并设置门槛，企业可以在提高市场竞争力的同时，实现利润最大化。

4. 个性化定价策略的实施方案

从目前的研究和实践来看，个性化定价策略有两种实施方案。

第一，根据消费者的支付意愿以及其他客户属性（如性别、年龄、地理位置等）确定产品的价值分割方案，提供适合其心理价位的产品与服务组合。对于价格敏感的消费者，企业可以提供价格较低但交货时间较长的"慢递"服务。此类服务需要 4～7 天才能到货，但其较低的价格能够吸引那些愿意等待以换取更优惠价格的消费者。对于价格不敏感的消费者，企业可以推荐更高价值的服务，如快速配送、优先处理或高端产品定制等。这些服务虽然价格较高，但能够满足消费者对速度、品质或个性化的高需求，从而提升消费者的购买满意度和忠诚度。

第二，根据消费者的支付意愿和具体场景、偏好，为其推荐相应的个性化电子优惠券。电子优惠券不能随意发放，而是需要客户满足一定的资格条件。企业可以根据消费者的历史消费数据、浏览记录、购物车内容等，判断其对某类产品的兴趣和支付意愿。然后基于这些信息，为消费者推荐有针对性的个性化电子优惠券（如折扣券、满减券、赠品券等），激励消费者进行购买。例如，企业可以向那些总消费额达到一定额度的消费者发放高价值的优惠券，以奖励其忠诚度并鼓励进一步消费。或者，企业可以向积极参与互动、发表评论的消费者提供专属优惠，以提升用户参与度和品牌忠诚度。此外，企业还可以根据具体场景和时机，精准推送个性化优惠券。例如，在消费者浏览某类产品时，立即推送相关的优惠券，增加其购买的可能性。通过这种个性化的优惠券策略，企业不仅能提高促销活动的效果，还能增强消费者的购买体验，提高消费者的满意度。

（二）动态定价策略

1. 动态定价的概念

动态定价，又称为智能定价、实时定价、需求定价，是指依赖于互联网技术和大数据技术，分析消费者在不同时间的需求状况和支付意愿，根据需求变化和供给情况制定和调整商品的价格。动态定价本质上是一个运筹优化问题。动态定价的背后逻辑，是为了追求"用户—数据—产品—价格"四位一体的平衡状态。

2. 动态定价策略的类型

（1）基于时间的动态定价策略。基于时间的动态定价策略是指企业根据时间因素来调整产品或服务的价格，以最大化收益和满足不同时间段的需求变化。这种策略在航空公司、酒店、娱乐票务等行业应用广泛。例如，航空公司会根据预订时间的不同设置不同的票价，越接近起飞时间，票价通常越高；酒店会根据预订日期和入住时间的不同调整房价，节假日和旺季价格通常较高。基于时间的动态定价策略的核心在于通过时间敏感性来优化资源利用和利润。企业通过分析历史数据和市场趋势，预测不同时间段的需求变化，制定相应的价格策略。这种策略不仅能够吸引价格敏感的早期购买者，也能通过提高临近需求高峰期的价格来获取更高的利润。基于时间的动态定价还能帮助企业平衡供需，避免因需求过度集中导致的资源紧张和服务质量下降，从而提高整体运营效率和客户满意度。

（2）基于市场细分与限量配给的动态定价策略。基于市场细分与限量配给的动态定价策略是通过细分市场和控制产品或服务的供应量来实现差异化定价，以满足不同消费者群体的需求并最大化企业收益。这种策略通常应用于需求弹性较大的行业，如电商、奢侈品、技术产品等。企业首先通过数据分析和市场调研，将消费者群体按照支付能力、消费习惯、偏好等因素进行细分。然后根据不同市场的需求和支付意愿，设置不同的供应量和价格。这种策略通过市场细分和限量配给，实现了价格的最大化区分和消费者需求的精准匹配，既能够吸引不同层次的消费者，又能够通过控制供应量保持产品或服务的稀缺性和品牌价值。

（3）渗透定价。渗透定价是指将初始价格设置低于市场平均水平，迅速吸引大量消费者并获得市场份额，然后逐渐提高价格。这种动态定价类型适用于那些具有较高市场潜力和成长空间的产品，如新推出的消费品、技术产品或服务。通过这种定价策略，企业能够在激烈的市场竞争中占据有利位置，同时降低进入市场的风险。然而，企业需要注意逐步提价的过程，以避免引起消费者的不满，并保持品牌的信誉和客户忠诚度。

3. 实施动态定价策略的基本要求

第一，企业须具备强大的数据收集与分析能力。成功实施动态定价策略需要大量高质量的数据支持。企业必须具备收集和分析市场数据、竞争数据、消费者行为数据等的能力，还需要使用先进的数据分析工具和技术，如大数据分析、人工智能和机器学习来处理和解读这些数据，以做出准确的定价决策。

第二，企业要考虑消费者心理与公平性。在实施动态定价策略时，企业必须考虑消费者的心理和公平性。价格波动应适度，以避免引发消费者的不满和不信任。企业需要保持一定的价格透明度，让消费者了解价格变化的原因和依据，确保定价过程公平、合理。

第三，企业要遵守相关法律法规与道德规范。法律法规和道德规范对企业的定价行为具有约束作用，违规行为可能导致法律诉讼和品牌声誉受损。遵循法规和道德规范不仅有助于保护消费者权益，还能维护企业的市场信誉和长期发展。因此，企业在制定和执行动态定价策略时，应充分考虑法律和道德方面的要求，以确保合规性和公正性。

（三）智能定价

智能定价是指通过分析影响产品定价的因素，运用科学的理论建立产品智能定价模型，借助计算机技术实现定价模型的系统化，从而对产品定价进行指导。同时，根据市场及企业自身的情况，确立迅捷高效的应变机制，以实现对产品价格的即时反馈和动态调整。互联网技术越来越融入市场营销产品定价过程，企业可以借助互联网、人工智能等技术使定价智能化。例如，某蔬菜品牌推出"智能阶梯定价"系统，根据成本波动情况，系统自动调整定价公式，制订商品定价方案。例如，今日大白菜采购价为 0.5 元，因采购价同比历史数据低，系统自动提升加价比例至50%；今日大白菜采购价为1元，因采购价同比历史数据差不多，系统自动调整加价比例至40%；今日大白菜采购价为2元，同比历史数据高，系统再次下调加价比例至30%。背后的逻辑是，采购价提高，但加价比例不能一样，太贵就卖不掉。采购价低，加价比例高一点，方有足够的利润空间。该蔬菜品牌通过以下方式实现智能定价。

第一，新增"智能定价"列表。在"订单"—"智能定价"中增加"智能阶梯定价"功能，列表默认会根据当天发货日期显示需要发货的商品，可以通过商品分类和商品名称快速查询到商品。

第二，设置商品阶梯定价。点击"设置公式"可对每个商品的每个客户类型，按进价加价值、成本加价率、销售加价率等算法，通过基础数据＋公式的方式批量设置商品的阶梯价格。

第三，同步更新订单价格和商品价格。通过公式，设置好商品和客户类型的定价后，可以一键同步更新订单中的商品售价，同时可以一键同步更新商品档案里的商品售价。

利用互联网技术优化产品定价，根据季节、往期销售数据、用户关注度、未来趋势等综合数据，为当前的产品制定销售价格。企业需要收集基于顾客行为的数据，包括顾客浏览的产品种类、顾客在该产品上浏览了多少小时、顾客购买的产品种类以及准备购买的产品、顾客的位置等信息。这些实时信息将被传输到互联网后台，基于顾客行为的数字化，可以对其需求进行预测，主要预测的是顾客愿意花多少钱购买这个产品。为了完成这些复杂的工作，技术工作人员需要具备足够的专业知识。

第三节　数字经济时代企业市场营销的渠道策略

一、营销渠道的概念与特征

营销渠道是指某种商品和服务从生产者向消费者转移的过程中，取得这种商品和服务的所有权或帮助所有权人转移的所有企业和个人，即产品从生产者到用户的流通过程中所经过的各个环节连接起来形成的通道。营销渠道的起点是生产者，终点是消费者或用户，中间环节为中间商，包括批发商、零售商、代理商和经纪人。

营销渠道具有以下特征。

1. 营销渠道的完整流通路径特征

营销渠道反映某一特定产品价值实现全过程所经由的通道。其一端连接生产者，另一端连接消费者，是该产品从生产者到消费者的完整的流通过程。

2. 营销渠道主体的多元性和复杂性特征

营销渠道的运作依赖于各类市场营销中介机构，如批发商、零售商、代理商和辅助服务提供商等。这些中介机构共同构成了产品分销的网络，他们协作推动产品流通，同时在分配利益、资源和信息时也可能产生矛盾和冲突。

3. 所有权转移是营销渠道的核心特征

营销渠道的核心在于促进产品所有权的转移。产品所有权在渠道中的转移可以是一次性的直接转移，也可以是经过多个环节的多次转移。

4. 营销渠道的辅助流动特征

除了商品所有权的转移外，营销渠道还涉及物流、信息流和资金流等多种流通辅助形式。物流保证了商品的有效配送，信息流支持市场情报的收集和消费者需求的理解，资金流则涉及支付结算和融资服务。这些流动形式的高效管理是保证营销渠道整体效率的关键。

二、数字经济时代营销渠道的特点

在数字经济时代，传统营销渠道发生了巨大的变化。依托大数据、人工智能等先进技术手段，商品的生产、流通与销售过程升级，产生了线上云平台销售、线下销售门店展销相结合的新零售模式。在此模式下，营销渠道呈现出虚拟化、网络化、平台化、数字化和流量性等主要特点。

（一）虚拟化

营销渠道的虚拟化是指销售和服务的过程逐渐从实体世界转移到虚拟空间。通过互联网，企业能够建立虚拟店铺、展示虚拟产品，并进行在线交易。这种虚拟化的渠道大大减少了实体店铺的成本，扩展了市场覆盖范围。例如，消费者可以通过电子商务平台浏览、购买商品，而无须亲自前往实体店。这种虚拟化还使企业能够灵活应对市场变化，快速调整产品和服务，从而提高运营效率和市场响应速度。虚拟化渠道不仅方便了消费者，也为企业带来了更加丰富的数据资源，有助于企业精准营销和客户关系管理。

（二）网络化

营销渠道的网络化是指通过互联网将各个营销环节连接起来，形成一个高效的网络体系。网络化的渠道不仅包括电子商务平台，还涵盖社交媒体、移动应用、搜索引擎等多种形式。通过这些网络化渠道，企业能够实时与消费者互动，了解其需求和反馈，从而提供个性化的产品和服务。网络化的渠道还使得企业能够跨地域、跨时区开展业务，实现全球化的市场拓展。例如，社交媒体的推广可以迅速引发消费者的兴趣，带动线上销售，形成品牌效应。网络化的渠道还支持企业进行大数据分析，优化营销策略，提高市场竞争力。

（三）平台化

平台化是数字经济时代营销渠道的一个显著特点，即企业通过建立或利用已有的线上平台来进行产品销售和服务。这些平台不仅是交易的媒介，也是企业与消费者互动、交流的重要场所。典型的平台化渠道包括电商平台、社交平台、内容平台等。平台化渠道整合了支付、物流、客服等功能，提供一站式服务，提升了交易的便捷性和用户体验。企业通过这些平台不仅可以降低运营成本，还能利用平台的大数据分析能力，精准定位目标客户，进行有效的市场推广和品牌建设。

（四）数字化

数字化是指利用大数据、人工智能、物联网等技术手段，对营销渠道进行全面升级和优化。通过数字化技术，企业能够实现精准的市场分析和预测，制定科学的营销策略。数字化的渠道使得企业能够实时监测和分析消费者行为，了解其偏好和需求，提供个性化的产品推荐和服务。

（五）流量性

在数字经济时代，营销渠道的流量性是指通过各种线上渠道吸引和聚集大量的消费者流量，从而实现销售转化和品牌推广。流量性渠道的核心在于通过各种手段（如搜索引擎优化、社交媒体营销、内容营销等）增加网站或平台的访问量，吸引潜在客户。流量性的渠道还注重用户体验，通过优化网站或应用的界面设计和功能，提高用户的停留时间和转化率。

三、数字经济时代营销渠道的类型

在传统营销渠道中，中间商是营销渠道中的重要组成部分。中间商能凭借其业务往来关系、经验、专业化和规模经营给公司提供高于设立自营商店所能获取的利润，在广泛提供产品和进入目标市场方面获得最高效率。但是数字经济的发展改变了营销渠道的结构。根据是否有中间商参与交换活动，数字经济时代的营销渠道可分为网络直销、网络间接销售和双渠道销售三种类型。

（一）网络直销

网络直销是指生产商通过网络直接销售渠道向最终消费者销售产品或服务，不经过任何中间商。与传统的营销渠道相比，网络直销通过互联网平台进行商品和服务的展示、推广、交易，缩短了供应链，使产品能够更快、更直接地到达消费者手中。

目前，网络直销的做法主要有两种。

第一种，企业在互联网上建立自己的官方网站，申请独立域名，设计和制作销售网页，从而直接销售产品。企业通常会设置一个专业的网络管理团队，负责处理网站的日常运营和维护，以及产品的销售事务。通过自建网站，企业可以直接展示和销售产品，与消费者进行互动，收集消费者反馈，优化产品和服务。以下是企业自建网站的具体做法。①网站建设。企业首先需要申请一个独立域名，并设计一个具有吸引力和用户友好的网站。网站应包括公司简介、产品目录、在线购物车、支付系统、客户服务等功能模块。②内容管理。企业需要定期更新网站内容，发布新产品信息、促销活动、行业资讯等，保持网站的活跃度和吸引力。③搜索引擎优化。通过优化网站内容和结构，提高网站在搜索引擎中的排名，增加网站的访问量和曝光率。④在线客服。设置在线客服系统，提供实时咨询和售后服务，提升客户体验。⑤数据分析。通过网站分析工具收集和分析访问数据、销售数据、用户行为等，为营销决策提供数据支持。

第二种，企业通过信息服务商的平台发布产品信息，并利用这些平台与客户联系，直接销售产品。信息服务商通常是一些大型的电子商务平台或行业门户网站，它们拥有庞大的用户基础和完善的技术支持。企业利用这些平台的资源，可以更快地将产品推向市场。以下是委托信息服务商的具体做法。①选择平台。企业需要选择合适的信息服务商平台，通常选择流量较高且用户信任度良好的平台，有助于企业扩大市场覆盖范围。②发布产品信息。在选定的平台上，企业需要创建商铺，发布详细的产品信息，包括产品描述、图片、价格、库存等。③平台推广。利用平台提供的各种推广工具和服务，如搜索推广、首页推荐、限时折扣等，提高产品的曝光率和销售量。④客户管理。通过平台提供的客户管理系统，与客户保持联系，及时回复客户咨询，处理订单和提供售后服务。⑤数据分析。利用平台的分析工具，监测产品的销售表现、客户反馈等，优化销售策略。

无论是通过自建网站还是委托信息服务商，网络直销都具备以下优势：一是省去了中间商的环节，减少了分销成本和渠道费用；二是可以迅速发布和更新产品信息，企业能够快速响应市场需求和变化；三是企业可以直接与消费者互动，了解其需求和反馈，提供个性化的服务；四是通过数据分析，企业可以进行精准营销，提高销售转化率和客户满意度；五是通过自有平台或第三方平台，企业可以进行品牌宣传和推广，提升品牌知名度和美誉度。

（二）网络间接销售

网络间接销售是指生产者通过融入互联网技术后的中间商机构把产品销售给最终用户，一般适合小批量商品和生活资料的销售。网络间接销售使网络商品交易中介机构成为网络时代连接买卖双方的枢纽。中国商品交易中心、商务商品交易中心、中国国际商务中心、亚马逊网上书店等都属于此类中介机构。此类机构在发展过程中仍然有很多问题需要解决，但其在未来虚拟网络市场的作用是其他机构所不能替代的。

根据网络中间商的不同，网络间接销售可以分为以下两种类型。

（1）以商品或服务经销商为中介的网络间接销售。这种类型的网络营销间接渠道是指生产者通过网络上的经销商将商品或服务销售给消费者。经销商作为中间商，起着将产品从生产领域转移到消费领域的作用。具体来说，这类中间商不仅负责产品的展示和销售，还提供物流配送、客户服务等增值服务，直接参与商品和服务的交易和流转。以下是具体的做法。①合作入驻。生产者与网络经销商达成合作协议，将产品上架到经销商的平台上进行销售。经销商通常会对产品进行审核和分类，确保产品符合平台的标准和要求。②产品展示和推广。经销商利用经销商平台的流量和用户资源，通过多种方式（如搜索推广、首页推荐等）展示和推广产品，吸引潜在消费者的关注。③订单处理和物流配送。经销商负责处理消费者的订单，并安排产品的物流配送，确保产品能够及时、安全地送达消费者手中。部分经销商还提供仓储服务，帮助生产者降低库存管理成本。④售后服务和支持。经销商提供售后服务，如退换货、维修、咨询等，解决消费者在购买和使用过程中遇到的问题，提升客户满意度和忠诚度。

（2）以网络信息中间商为中介的网络间接销售。这种类型的网络营销间接渠道是指生产者通过网络信息中间商发布和传播商品或服务的信息，促进买卖双方之间的交易。网络信息中间商本身不经营任何商品和服务，而是利用其掌握的大量相关信息，沟通买方和卖方。最终的交易完成和商品的实体流转还是由卖方和买方直接进行。以下是具体的做法。①信息发布。生产者在网络信息中间商上发布产品或服务的信息，包括产品描述、价格、供应情况等。网络信息中间商提供一个信息平台，汇集大量的买卖信息，供潜在买家浏览和选择。②信息匹配。网络信息中间商通过其平台的搜索和推荐功能，帮助买方找到符合其需求的商品或服务，并提供联系方式、供需信息等，促进双方的直接交易。③交易促成。一旦买方对某个产品或服务感兴趣，便可直接与生产者联系，进行进一步的洽谈和交易。网络信息中间商不参与具体的交易过程，只提供信息和技术支持。④数据分析和优化。网络信息中间商通常具备强大的数据分析能力，可以根据平台上的交易数据和用户行为，提供市场分析报告、趋势预测等增值服务，帮助生产者优化销售策略，提高市场竞争力。

（三）双渠道销售

双渠道销售是指企业同时使用网络直接销售渠道和网络间接销售渠道，以达到销售量最大化的目的。在买方市场条件下，通过两条渠道销售产品比通过一条渠道更容易实现"市场渗透"。

企业在互联网上建立网站，一方面为自己打开了一个对外开放的窗口，另一方面建立了自己的网络直销渠道。只有企业能够坚持不懈地对网站进行必要的投入，把网站建设维护好，随着时间的推移，企业的老客户才会逐渐认识并利用它，新客户也会不断加入。

企业在自己建立网站推销商品和服务的同时，也可以积极利用网络间接渠道销售自己的产品和服务。通过网络中介商的信息服务、广告服务和撮合服务优势，扩大企业的影响，开拓企业产品的销售领域，降低销售成本。因此，对于从事网络营销活动的企业来说，必须熟悉和研究国内外网络中间商的类型、业务性质、功能、特点及其他有关情况，以便能够正确地选择中间商，顺利地完成商品从生产到消费的整个转移过程。

四、数字经济时代营销渠道的建设与管理

（一）数字经济时代营销渠道的建设策略

1. 观念创新

与以生产者或产品为起点的传统营销渠道模式不同，数字经济时代的营销模式以整个渠道系统过程为起点，以市场用户需求为拉动力。在这种渠道模式下，渠道系统的各方从有效率地实现需求出发，努力减少或降低对实现顾客总价值作用不大或不必要的流转成本，从而使用户和营销渠道系统各成员共同受益。

2. 运行组织与机制创新

与渠道系统中企业各自为政、多环节分散管理的传统渠道模式不同，数字经济时代的营销模式强调超越各个企业的界限，实现供货商与中间商（包括批发商、零售商）的合作，承认供应商和中间商都是营销渠道系统的一部分，以合作、联盟或分销规划的形式达到营销组织的系统化、一体化，从而保证营销渠道的畅通和快捷。

3. 技术手段创新

数字经济时代的营销模式以建立计算机网络系统为基础，通过中央计算机处理系统组成的内部局域网，随时了解各销售点信息，通过互联网全球网及时向供应商提出订货要求，并通过供应商配送系统或中心完成补货，形成整个供应链系统的运作，从而大量减少分销系统的库存，降低成本。由于有了销售点管理、电子订货系统、电子数据交换技术、电子转账技术、商品条形码等现代信息技术，信息传递更加准确，提高

了营销渠道效率。

4. 从消费者的角度设计渠道

从消费者的角度设计和优化渠道，不仅能提升消费者的满意度和忠诚度，还能使企业在竞争激烈的市场中脱颖而出。具体措施包括以下几点。一是优化渠道的便利性和可达性。例如，提供多样化的购物渠道，如线上商城、移动应用和线下门店，以满足消费者在不同场景下的购物需求。二是提升渠道的无缝衔接和一致性，确保消费者在任何渠道上都能获得统一的品牌体验和服务。三是注重个性化和互动性。通过大数据和人工智能技术，提供个性化的推荐和定制服务，提升消费者的购物体验。四是建立有效的客户反馈机制，及时了解消费者的意见和建议，持续改进渠道服务。五是重视渠道的全渠道整合，确保线上线下渠道的联动和信息共享，提供便捷的购物体验和高效的售后服务。

5. 优化订货系统和配送系统

在设计订货系统时，要简单明了，不要让消费者填写太多信息，可以采用现在流行的"购物车"方式模拟超市，让消费者一边看物品进行比较，一边选购。在购物结束后，一次性进行结算。另外，订货系统还应该提供商品搜索和分类查找功能，以便消费者在最短的时间找到需要的商品，同时应为消费者提供他们想了解的有关产品的信息，如性能、外形、品牌等。

消费者只有看到购买的商品到达自己手中才能真正感到踏实，因此建立快速有效的配送服务系统是非常重要的。通过智能物流管理系统，企业能够实现订单的自动分配和路线优化，提高配送效率。系统还应支持实时跟踪和动态调整，以应对突发状况，如交通拥堵或天气变化，确保按时交货。此外，企业可以利用分布式仓储网络，靠近主要市场和消费者，减少配送时间和成本。提高"最后一公里"配送的效率也是优化配送系统的关键，使用数据分析优化配送路线，并考虑使用无人机或自动驾驶车辆等新技术。

（二）数字经济时代营销渠道的管理策略

1. 渠道成员管理

（1）选择渠道成员。合适的渠道成员不仅能帮助企业实现销售目标，还能提升品牌形象和市场份额。企业选择渠道成员时应考虑以下因素。

①选择的渠道成员应能有效地覆盖目标市场，满足消费者的需求。

②选择与企业目标一致的渠道成员，确保其业务方向、市场定位和战略目标与企业一致。例如，如果企业目标是覆盖高端市场，则应选择有经验和资源的高端分销商。

③评估潜在渠道成员的资源，包括资金实力、物流能力、市场网络等。强大的资源支持能帮助渠道成员更好地进行市场推广和销售。

④考查渠道成员的市场营销能力、销售技能、客户服务水平等。选择具有高效销售和服务能力的渠道成员，可以提高产品的市场竞争力。

⑤对潜在渠道成员进行信誉调查，了解其在市场上的声誉和过往业务记录。信誉良好的渠道成员能够增加品牌的信任度，避免潜在的市场风险。

⑥分析渠道成员的市场覆盖范围，包括地理区域和客户群体。选择能覆盖广泛市场区域的渠道成员，有助于扩大产品的市场份额。

⑦对比不同渠道成员的合作成本，包括佣金、物流费用、营销费用等。选择具有成本效益的渠道成员，以优化销售和运营成本。

⑧考查渠道成员的数字化水平，如在线销售能力、社交媒体运营等。选择具备良好数字化能力的渠道成员，可以提升产品的市场推广效果。

（2）激励渠道成员。激励渠道成员是确保渠道高效运作和实现销售目标的关键。有效的激励措施不仅能提升渠道成员的积极性，还能增强合作关系和市场竞争力。

①财务激励。

a. 佣金与奖励。根据销售额或业绩设定佣金比例或奖金制度，直接以财务回报激励渠道成员。高业绩的渠道成员可获得更高的佣金或奖金，激励其增加销售。

b.销售激励计划。设计销售激励计划，如季度或年度销售目标奖励，鼓励渠道成员超额完成销售目标。设定明确的目标和奖励机制，激发渠道成员的积极性。

②非财务激励。

a.荣誉奖励。设立"最佳渠道伙伴"或"销售之星"等荣誉称号，给予表现突出的渠道成员荣誉证书、奖杯或其他形式的认可。这种非财务激励可以提升渠道成员的自豪感和忠诚度。

b.培训与发展。提供专业培训和发展机会，提高渠道成员的技能和知识水平。通过培训增强渠道成员的业务能力，帮助其在市场上取得更好的业绩。

③提供支持。

a.营销支持。提供市场推广、广告、促销材料等营销支持，帮助渠道成员更有效地推广产品。支持包括共享广告资源、设计宣传材料、组织促销活动等。

b.技术支持。为渠道成员提供技术支持，如系统培训、技术咨询、售后服务等，确保其能够顺利使用和推广产品。提供技术支持可以提升渠道成员的工作效率和满意度。

④合作与沟通。

a.定期沟通。与渠道成员保持定期沟通，了解其需求和反馈，及时解决问题。定期沟通可以建立良好的合作关系，增强渠道成员的信任感和忠诚度。

b.参与决策。邀请渠道成员参与决策过程，如产品改进、市场策略制定等，增加其对企业的参与感和归属感。参与决策可以提高渠道成员的积极性和合作意愿。

⑤绩效评估与反馈。

a.绩效评估。定期进行渠道成员绩效评估，根据评估结果进行奖励或改进。评估可以基于销售业绩、市场覆盖、客户满意度等指标，确保激励措施的公平性和有效性。

b. 反馈机制。建立反馈机制，鼓励渠道成员提出意见和建议。根据反馈调整激励措施和合作策略，确保激励措施能够有效地满足渠道成员的需求。

2. 渠道冲突管理

（1）渠道冲突识别。

①渠道重叠识别。渠道重叠发生在不同的渠道成员之间存在重叠的市场区域或客户群体时。例如，线上直销渠道和线下零售店在相同地理区域内销售同一产品。通过市场调研和销售数据分析，可以识别不同渠道在地理区域和客户群体上的重叠程度。利用客户购买记录、销售区域地图等数据，评估不同渠道之间的重叠情况。

②价格竞争识别。价格竞争指渠道成员之间因价格策略不同而导致的价格战。例如，一个渠道成员通过低价促销吸引客户，可能会影响其他渠道成员的销售。企业可以监控各渠道的定价策略和促销活动，比较价格差异和市场反应。使用市场调查工具和竞争对手分析，识别价格竞争的趋势和潜在风险。

③资源争夺识别。资源争夺指渠道成员因争夺有限的市场资源（如客户、市场份额、营销支持等）而发生冲突。例如，两个渠道成员争夺同一客户群体的销售机会。企业可以分析各渠道的资源需求和分配情况，评估资源的分布和竞争情况。通过资源使用情况统计和渠道成员反馈，识别资源争夺的潜在问题。

④市场覆盖冲突识别。市场覆盖冲突指渠道成员之间因市场覆盖范围或销售区域的重叠而引发的冲突。例如，两个渠道成员在相同区域内开展营销活动，导致市场混乱。企业可以绘制市场覆盖图，分析不同渠道的市场覆盖区域和客户分布，通过市场调研和数据分析，识别市场覆盖冲突的可能性。

（2）渠道冲突的解决。

①加强沟通与协商。企业需要定期与渠道成员沟通，了解他们的需求和期望，同时传达自己的策略和目标。通过开放和诚实的沟通，双方可以增进理解，消除误解。在协商过程中，双方应寻求共赢解决方案，

调整或重建合作条款，以满足各自的核心需求。

②角色与区域界定。清晰定义渠道成员的角色和责任，明确各自的业务范围和市场区域至关重要。企业可以通过合同或协议明确经销商的独家区域，减少直接竞争，限制价格战或市场侵蚀。在垂直渠道冲突中，制造商应确保渠道策略一致性，平衡好不同层级成员的利益和贡献。

③完善监督与冲突解决机制。企业需要建立一套有效的监督和冲突解决机制，包括定期评估渠道成员的绩效，监控市场动态以及收集消费者反馈。一旦发现冲突，应迅速介入，采取调解措施，必要时进行调整或重组渠道。此外，也可以设立独立的渠道冲突解决小组或聘请第三方调解，以保证解决过程的客观性和公正性。通过有效的监督和及时的冲突解决，企业可以保持渠道的健康运作，提升整体的销售效率和品牌声誉。

④发挥行业组织的作用。行业组织，如商会或工商联合会，可以作为一个平台，促进渠道成员之间的沟通与协作。这些组织通过举办专题研讨会、论坛和会议，为渠道成员提供交流经验、讨论问题和分享最佳实践的场所。在这些活动中，渠道成员可以就共同关心的问题进行深入讨论，相互学习，寻找解决方案。例如，关于如何处理价格竞争、如何提升服务质量、如何应对市场变化等热点问题，都可以在行业组织的协调下进行广泛的交流。此外，行业组织还可以提供中立的调解服务，帮助解决成员之间的纠纷。

⑤采用法律手段解决冲突。当渠道成员间的冲突无法通过常规沟通和协商解决时，采用法律手段成为必要的选择。谈判、调解和仲裁是解决商业冲突的三种常见法律手段。谈判是最直接的解决方式，双方可以直接对话，尝试找到双赢的解决方案。如果谈判无果，可以进一步通过调解，即引入第三方中介机构或个人来帮助双方达成协议。当上述两种方法均不能解决问题时，可以采用仲裁或诉讼的方式，由法律机构作出最终裁决。虽然法律手段可能耗时较长且成本较高，但它是一种权威的冲突解决方式，确保了解决方案的法律效力，有助于保护各方的合法权益，避免冲突的进一步升级。在使用法律手段时，应确保流程的公正性和透明度，以维护长期的商业关系和行业声誉。

第四节　数字经济时代企业市场营销的促销策略

一、数字经济时代的广告促销

（一）广告及其作用

广告是一种旨在通过各种传播媒介向公众传递信息，以影响和促进公众对某种产品、服务或观点的认知、态度或行为的有偿的通信。在商业领域，广告主要是企业为了推广其产品或服务，通过特定的传播渠道向目标市场传递有关产品或服务信息的活动，具有以下作用。

1. 介绍产品，传递信息

通过广告，企业能够将产品的功能、特点、使用方法、价格等关键信息有效地传达给目标市场。这种信息传递对于新产品的市场推广尤为关键，因为它能够迅速提高产品的知名度，让消费者了解并记住该产品。即使对于已经知名的产品，持续的广告传递也是必要的，它帮助企业更新消费者对产品的认知，引导消费者了解产品的新功能或改进之处。有效的信息传递能够促进消费者对产品的认知，形成购买意向，为销售活动奠定基础。

2. 刺激消费，扩大产品销路

通过吸引和说服的策略，广告能够激发消费者的购买欲望，引导他们采取购买行动。特别是在促销活动中，广告能够创造紧迫感，促使消费者在有限的时间内做出购买决定，从而快速提升产品销量。此外，广告通过不断重复的信息传递和创意的呈现，能够增强消费者对产品的记忆，建立起产品的购买偏好，从而在长期内扩大产品销路。

3. 树立企业形象，维持或扩大企业产品的占有率

通过广告，企业能够传递其价值观、品牌承诺和企业文化，建立与消费者之间的情感联系。这种形象的建立是长期而深远的，能够为企业赢得消费者的信任和忠诚，从而在竞争激烈的市场中脱颖而出。广告的

持续影响能够帮助企业强化形象，维持现有产品的市场地位，防止市场份额被侵蚀。同时，良好的企业形象也为新产品的推出和市场接受提供了有利条件，帮助企业更容易提高其产品的市场占有率。

（二）精准广告

在数字经济时代，广告的精准度显著提升。借助大数据分析等技术，企业可以深入了解消费者的行为模式、兴趣爱好和购买习惯，从而实现广告投放的精准化。

1. 精准匹配目标受众

在数字经济时代，目标受众的特征表现为积极主动、具象立体、追求个性化以及寻求简化生活。大多数目标受众是互联网用户，他们具有更高的主动性和个性化需求，同时希望以最少的精力获得最佳效果。对于广告主而言，找到精准的目标受众是首要任务。随着受众需求趋向个性化和注意力碎片化，传统媒体的广告模式逐渐不再有效，这要求广告主寻找更为有效的方式来识别目标受众。大数据技术显然是解决这一问题的有力工具。通过大数据技术，广告主可以实时记录和长期跟踪目标受众的上网行为，挖掘其数据并进行分析，从而精准定位个体受众。进一步利用数据趋势预测消费者需求，如电商平台常用的"猜你喜欢"推荐方式，就是基于此技术实现的。

2. 广告创意精准表现

创意在广告中的重要性不言而喻，但其本质往往是微妙且难以把握的。程序化创意通过将创意过程程序化，打破了传统创意的神秘面纱，使创意变得可控和可优化。这一方法依托数据与算法，将创意的生成和应用智能化，能够根据不同受众的特征和需求，自动生成不同版本的广告内容。例如，某电商平台利用数据挖掘技术，分析各种创意对不同受众的影响，形成针对性的创意模板。这些模板根据受众数据自动生成成千上万种广告版本，投放给不同受众。相比传统广告创意的手工操作，程序化创意的实施速度更快、操作更加便捷、成本更低，效果评估也更加准确。这种方法不仅提高了广告创意的针对性，还优化了广告的整体表现，使广告主能够更有效地触达目标受众，提升广告效果。

3. 广告精准投放

精准投放的核心在于将广告内容与受众需求进行匹配，从而提高广告的点击率和转化率，并最大化投资回报。实现广告精准投放的方法主要为程序化购买。

程序化购买是指依赖广告技术平台，自动执行广告资源购买的流程，即广告投放平台数字化、自动化地实现广告采买。

在传统广告模式下，广告主需要与各个媒体逐个谈判或通过广告代理购买媒体资源，并以计次成本或者千人成本的方式进行计费，成本高昂。程序化购买的出现，实现了广告主从买媒介到买人群精准定向的跨越，使广告主的每一分钱都精准地用于将广告投放到目标受众，提升了传统广告各个环节的效率，提升了广告主的投资回报率。

当前，程序化购买主要有实时竞价和非实时竞价两种模式。

（1）实时竞价。实时竞价是一种基于实时拍卖的程序化广告购买模式。在这种模式下，广告主通过程序化购买平台在广告展示的瞬间进行竞标，系统会实时决定广告位的归属。具体流程如下：①当用户访问网站时，广告交换平台会收集用户的浏览数据和其他相关信息，并将这些数据传送给广告主；②广告主通过实时竞价平台，根据用户数据、广告预算和目标受众信息，进行即时竞标，竞标的过程是在广告展示的几毫秒内完成的；③在竞标结束后，系统会选择出价最高的广告主，并将其广告展示给该用户。该模式具有以下特点：第一，高效性，实时竞价能够在极短的时间内完成广告位的购买，确保广告在用户访问网站时即时展示；第二，通过实时数据分析，广告主可以精准定位目标受众，实现个性化广告投放；第三，广告主可以根据实时市场情况和用户行为动态调整竞价策略。

（2）非实时竞价。非实时竞价是一种基于预定广告位的程序化购买模式。在这种模式下，广告主通常会提前与广告交换平台或媒体合作伙伴达成广告购买协议,广告位的购买过程不依赖于实时竞标。具体流程如下:①广告主与媒体或广告平台达成协议,预定特定的广告位和展示时间段,这些广告位的价格和条件通常在交易前就已确定;②广告主按照预定的计划和预算投放广告,广告位的展示通常是按计划执行的,不涉及实时竞标;③尽管广告位的购买不涉及实时竞标,但广告主仍然可以通过数据分析监控广告效果,并根据需要进行优化。该模式具有以下特点:第一,稳定性,非实时竞价提供了稳定的广告投放环境,广告主可以提前规划广告位,避免了实时竞标的不确定性;第二,可控性,广告主可以在预定阶段明确广告位的价格和条件,降低了预算超支的风险;第三,简便性,这种模式适合广告主希望简化广告购买过程、避免实时竞标复杂性的需求。

4. 广告效果精准评估

广告效果精准评估是广告传播的重要内容之一。在数字经济时代,广告效果的评估将量化提升到了新高度,广告效果的评估不仅仅停留在定性描述层面,而是通过数据化手段进行精确测量,借助图表等可视化形式直观展示效果。追踪技术和统计工具的不断进步,为广告效果的精准评估提供了丰富的指标。这些技术能够实时监测广告的各项数据,如点击率、转化率、用户互动和曝光量等,通过多样化的评估指标全面衡量广告效果。通过将各种指标产生的图表进行详细分析,企业能够从全方位、多维度了解广告的实际表现。评估指标的种类和复杂性不断增加,使广告效果的分析更加精准和细致。例如,广告主可以通过对比不同广告版本的表现,优化创意和投放策略,同时跟踪用户的行为路径,识别出影响广告效果的关键因素。这样的数据驱动分析不仅提高了评估的准确性,还帮助企业做出更加科学的决策,从而优化广告投放策略,提升投资回报率。

二、数字经济时代的营业推广

（一）营业推广的概念与特点

1.营业推广的概念

营业推广也称销售促进，是指企业运用各种短期诱因，鼓励消费者和中间商购买、经销或代理企业产品或服务的促销活动。①

2.营业推广的特点

营业推广具有以下四个特点。

（1）目标明确。营业推广活动具有非常明确的目标，如提升短期销售、清理库存或提高产品知名度等。这些活动通常具有明确的时间限制和具体的目标指标，使企业能够根据推广结果评估活动的有效性。

（2）时效性强。营业推广通常设计为短期活动，以迅速刺激市场反应和销售增长。这种时效性要求企业快速部署和执行推广计划，并在活动期间密切监控市场反应和销售数据，以实现即时调整和优化。

（3）可度量性。与长期的品牌建设活动相比，营业推广的效果更容易通过销售数据和市场反馈来直接衡量。企业可以通过对比活动前后的销售量、客流量或市场份额等指标来评估营业推广的效果。

（4）灵活性。营业推广活动可以根据市场状况、竞争环境和消费者需求的变化灵活调整。企业可以选择不同的促销工具和方法，或对活动内容进行即时改变，以适应市场变化，最大化推广效果。此外，营业推广还可以与其他营销活动如广告、公关或个人销售相结合，形成综合的营销策略，进一步增强市场影响力。

（二）营业推广的工具

数字经济时代企业营业推广的工具非常多，下面介绍几种常见工具。

① 成玉莲，常兴华.汽车营销[M].北京：北京理工大学出版社，2011：226.

1. 代金券

代金券是一种预付价值凭证，用户可以在未来购买商品或服务时使用，以抵扣一定金额。这种工具通过提供直接的价格优惠，吸引消费者进行首次或重复购买，提升销售量。代金券通常用于吸引新客户或促使现有客户增加购买频次。企业可以通过电子邮件、社交媒体和移动应用等渠道分发代金券，实现精准营销。代金券具有可追踪和分析的优势，企业可以通过使用数据分析工具了解代金券的使用情况和推广效果，进一步优化营销策略。

2. 优惠券

优惠券是一种常见的营业推广工具，提供特定商品或服务的折扣。消费者在购买时使用优惠券可以享受折扣优惠，从而激发购买欲望。企业可以通过各种渠道如电商平台、社交媒体和移动应用分发优惠券。优惠券的优势在于易于追踪和管理，企业能够实时了解优惠券的使用情况，调整推广策略以提高转化率。此外，优惠券还可以与会员系统相结合，提高用户黏度，提升客户忠诚度。

3. 现金退款

现金退款是一种激励消费者购买后申请部分退款的促销手段。消费者在购买商品或服务后，提交相关证明即可获得一定金额的现金返还。此工具能够减少价格敏感度，提高购买意愿。企业通过现金退款活动，不仅可以吸引新客户，还可以提高现有客户的满意度和忠诚度。现金退款通常需要有简便的申请流程，以确保消费者的参与度和满意度，同时，企业可以利用数据分析评估活动效果，优化未来的推广策略。

4. 特价包装

特价包装是指将多个产品组合在一起，以优惠价格出售。特价包装不仅可以清理库存，还可以推广新产品，提高市场占有率。企业在设计特价包装时，应考虑产品的关联性和消费者的需求，确保组合的吸引力。在数字化时代，企业可以通过线上渠道推广特价包装，利用社交媒体和电商平台扩大影响力，并通过数据分析了解消费者的购买行为和偏好。

5. 奖金奖品

奖金奖品是通过促销活动向消费者提供的额外奖励，通常包括现金、礼品卡或实物奖品。这种工具通过激励机制，提高消费者的参与度和购买欲望。企业可以通过抽奖、比赛或消费累积等方式分发奖金奖品，吸引更多用户参与活动。数字化营销平台使企业能够更有效地管理和推广奖金奖品活动，收集用户数据进行分析，优化促销策略。此外，奖金奖品活动还能强化品牌的正面形象，提升用户满意度和忠诚度。

6. 抽奖

抽奖活动是一种利用随机性吸引消费者参与的促销工具，消费者通常通过购买商品或参与活动获得抽奖机会。抽奖能够激发消费者的兴趣和购买动机，增加品牌曝光度和销售量。企业可以通过线上平台如社交媒体、电商网站和移动应用开展抽奖活动，扩大覆盖面。抽奖活动的优势在于简化了参与流程，提升了用户体验，同时，企业可以通过数据分析了解参与情况和效果，进一步优化抽奖机制和营销策略。

7. 优惠预售

优惠预售是一种提前销售商品或服务并提供价格优惠的促销手段。消费者可以在预售期间以优惠价格购买，企业则通过预售活动获得资金流和市场需求信息。优惠预售适用于新产品发布或大型促销活动，能够制造市场热度，吸引早期用户。企业可以通过电商平台、品牌官网和社交媒体进行预售推广，利用数字化工具追踪预售订单和用户反馈，优化产品策略和库存管理，提高市场响应速度和销售转化率。

（三）营业推广的实施流程

1. 确定营业推广所提供优惠力度的大小

营业推广所提供优惠力度的大小直接关系到促销活动的吸引力。通常，优惠力度越大，促销效果越明显，但同时会增加成本。因此，企业需要细致评估优惠力度大小与预期销售增长之间的关系，使促销投入带来的销售增长能够覆盖成本，并实现盈利。此外，优惠的设计还要考虑市场需求的弹性，即消费者对价格变化的敏感度，以及竞争对手可能的反应，以确保优惠既具吸引力又具竞争力。

2. 确定营业推广的对象

不同的消费者群体可能对同一促销活动的反应截然不同。因此，明确哪些个人或团体是促销活动的目标，可以帮助企业更有效地定位其营业推广资源，避免资源浪费。同时，根据目标客户的特性和购买习惯来设计促销优惠，可以提高促销效果，加强与目标市场的联系。

3. 设定营业推广持续的时间

营业推广促销时间过短可能不足以吸引足够的注意力和产生预期的销售效果，而营业推广促销时间过长则可能导致消费者习惯于优惠，损害正常的销售。一般而言，企业应将营业推广促销活动的持续时间设定为目标消费者的平均购买周期，这样可以有效刺激购买决策，同时避免市场混乱或品牌价值稀释。

4. 选择营业推广时机

企业应当制订出全年的营业推广活动的日程安排，有计划、有准备地进行，以配合产品的生产、销售和分销。有时需要安排临时的营业推广活动，这就需要作出短期内的组织协作。

5. 确定营业推广预算

确定营业推广预算有两种方法。一种是根据所选用的各种促销办法来估计它们的总费用。企业需要先确定营业推广活动的具体内容和范围，包括预计进行的促销活动种类、预期的覆盖区域、目标消费者群体以及预计使用的促销工具和材料等。然后评估这些活动的具体成本，包括材料、人力、场地租赁、广告费用等，将这些成本相加得出总预算。这种方法的优点是可以根据实际规划的活动内容作出较为准确的预算，确保资金的有效分配。另一种是按习惯比例来确定各促销预算费用占总促销预算费用的百分比。这种方法通常基于过往的经验或行业标准，将促销预算设置为公司销售收入或总预算的一定比例。例如，一个企业可能根据历史数据或同行业的平均水平，决定将营业推广预算定为年销售额的5%。这种方法的优点是操作简单，易于快速决策，但可能缺乏对具体营业推广活动需求的考量，从而导致预算过高或过低，不足以支持实际的营业推广需求。

三、数字经济时代的公共关系促销

（一）公共关系及其促销功能

公共关系是指社会组织运用沟通手段使自己与公众相互了解和相互适应，以争取公众的理解、支持和协作的一系列管理活动。[①]

企业作为一种社会组织，也可以利用公共关系手段协调企业与社会公众的关系，为自己创造有利的营销环境。一般来说，公共关系的促销功能主要体现在以下几个方面。

1. 争取对企业及其产品有利的新闻报道

通过与媒体建立良好的关系，企业可以确保自己的正面消息和成就得到有效传播。这些新闻报道不仅可以提高企业和产品的知名度，还可以提升公众对企业的正面认知，从而为企业创造有利的市场环境。新闻报道的客观性和权威性同样有助于提高信息的可信度，为企业和产品赢得公众的信任。

2. 协助推广新产品

通过组织新产品发布会、媒体体验活动或其他公关活动，企业可以吸引公众和媒体的注意力，有效地介绍新产品的特点和优势。这些活动不仅可以直接刺激消费者对新产品的兴趣和需求，还能为新产品打造良好的市场口碑，加速产品的市场接受过程。

---

① 吴文彩. 汽车营销 [M]. 北京：北京邮电大学出版社，2006：269.

3. 协助成熟期产品的重新定位

随着市场环境和消费者需求的变化，成熟期的产品可能需要重新定位以保持其市场竞争力。公共关系活动可以帮助企业传递这种重新定位的信息，通过故事讲述、用户见证或公益联动等方式，为成熟产品注入新的生命力，延长其生命周期。

4. 建立消费者对产品的兴趣

通过举办体验活动、参与展览会或发起社会活动等，企业可以与消费者直接互动，让消费者近距离感受产品的魅力，从而激发他们对产品的兴趣和购买欲望。

5. 影响特定的目标群体

企业可以通过针对性的公共关系策略来吸引和影响特定的消费者群体或利益相关者，如通过赞助针对特定人群的活动或与特定社群合作，有效地将企业信息传达给目标群体，建立良好的品牌形象。

6. 化解企业及其产品出现的危机

面对负面事件或公众危机时，有效的公共关系策略可以帮助企业及时沟通，透明处理问题，恢复公众信任，减轻危机对品牌和产品的负面影响。

7. 树立有利于表现其产品特点的企业形象

通过塑造积极、负责任和创新的企业形象，企业可以在公众心目中建立独特的品牌定位，为产品特点和优势的传播提供有力支持，从而促进产品销售和品牌发展。

（二）大数据公关

在数字经济时代，传统的企业公关正面临数据转型的契机，借助大数据工具，可以使企业制定的公共关系传播策略更加精准、高效，并能够对公关效果进行科学量化。

1. 精准预测目标公众需求

通过精准把握目标公众中的每一个用户对自身个性与需求的感知，可以增加其对品牌个性的认同度，使品牌形象迅速传播。互联网和社交媒体的兴起开启了一个极度透明的时代。基于交互性的传播平台和智能数据库管理，人们的网络行为会生成大量的浏览数据。企业通过对这些浏览数据的分析，可以获取目标公众的兴趣、喜好等信息。通过对一段时间内目标公众的浏览数据进行分析，企业能够识别其偏好和需求。根据这些受众偏好数据和舆情监测数据，企业可以对目标公众的需求进行标签化。这样，公关团队可以在恰当的时间，以目标公众习惯的方式向其推送公关传播内容，提高品牌形象推广的精准度。例如，通过社交媒体平台的互动数据和浏览行为，企业可以了解目标公众喜欢什么样的内容、关注哪些话题，并通过精准推送相关内容，增加与目标公众的互动和连接。这种精准预测和推送不仅能够提高公关传播的效果，还能提升品牌在目标公众心中的地位和影响力。

2. 精准制定公关传播策略

在数字经济时代，公关传播需要通过媒介来实现，而不同媒介组成的传播矩阵决定了信息最终抵达受众的效果。传统的公关活动在选择媒体投放时，往往依赖个人或团队的经验，这可能会导致公关预算的大量浪费，效果却不尽如人意。借助大数据分析，企业可以更科学地选择适合的媒体渠道。通过对海量数据的挖掘和分析，企业能够识别出不同媒介的受众特征、内容偏好和传播效果，从而判断哪些媒体平台更适合传播特定的公关信息。大数据分析还可以帮助企业了解不同时段、不同形式的投放效果，优化投放策略，使企业能够以更低的成本实现更好的传播效果，提升品牌的曝光度和影响力，增强与目标公众的互动和连接。

3. 精准量化公关效果

传统的小数据调研在追踪公关效果时有一定的局限性，由于样本量不够大、不够全，导致调研结果非常片面，不能很好地描述公关效果。

而大数据是全样本和动态的，可以精准量化企业公关的效果，如写了多少篇文章、有什么媒体参与、举行了多少次活动、现场来了多少人、事后有哪些反馈、有多少个网站的首页或头版头条、社交媒体讨论的热度等。一个公关行为中的信息可以从点击量、阅读量、传播量、传播的精准度、购买量和美誉度、媒体及内容的优化等方面被精准量化评估。

第四章 数字经济时代企业市场营销模式之直播营销

第一节 直播营销概述

一、直播营销的概念与特点

（一）直播营销的概念

直播营销是指企业以直播平台为载体进行营销活动，是在直播现场随着事件的发生发展进程同时制作和播出的营销方式。该营销方式以直播平台为载体，使企业达到品牌提升或销量增长的目的。

（二）直播营销的特点

直播营销具有以下几个特点，如图4-1所示。

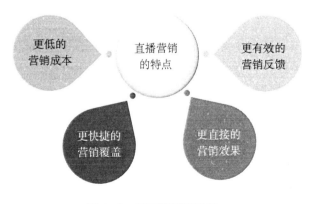

图4-1 直播营销的特点

第一，更低的营销成本。直播营销的成本相较于传统的电视广告或大型线下活动要低得多。企业通过直播平台进行产品推广或品牌宣传，无须高昂的场地费用、设备租赁和大量的人员动员，只需准备好直播设备和合适的场地即可。此外，利用网络平台的自然流量，企业可以以更低的成本接触到更广泛的受众群体，从而实现成本效益的最大化。

第二，更快捷的营销覆盖。在数字经济时代，信息传播速度极快，直播内容可以瞬间触达全球任何角落的观众，只要他们接入互联网。这种传播速度和覆盖范围使企业能够迅速提高品牌知名度，扩大市场影响力，是传统营销方式难以比拟的。

第三，更直接的营销效果。通过直播，企业可以实时展示产品、解答观众疑问并即时收到消费者的反馈，这种互动性强的特点使营销效果变得更为直观和可测量。与此同时，直播的即时互动还能激发观众的购买欲望，短时间内促成销售，提高转化率。

第四，更有效的营销反馈。在直播过程中，企业可以通过观看人数、互动数量、观众留言等数据直接评估营销效果，并根据这些反馈调整后续的营销策略。这种实时获取市场反馈的能力，使企业能够快速响应市场变化，优化产品和服务，提高客户满意度和品牌忠诚度。

二、直播营销的价值

直播营销在数字经济时代展现出多重价值，具体体现在渠道、产品和促销等方面。

（一）渠道价值

通过直播，企业能够更好地维护、拓展和创造销售渠道。传统的销售渠道如实体店铺和线上电商平台都有其局限性，而直播作为一种新兴的互动方式，能够直接触达消费者，打破了时空限制。在直播过程中，主播可以实时与观众互动，解答疑问并展示产品的使用效果，这种即时性和互动性是传统渠道难以实现的。此外，直播还能够整合线上线下资源，通过多平台同步直播、线下活动直播等方式拓展销售网络，形成全渠道营销模式。同时，直播的病毒式传播特性也能帮助企业快速提高品牌曝光率，吸引潜在客户，为企业创造更多销售机会。

（二）产品价值

在直播过程中，主播通过详细介绍和演示产品，能够提高产品的信誉度和消费者的信任感。直播展示产品的真实使用场景和效果，突破了传统图片和文字描述的局限，使消费者能够更加直观地了解产品的功能和特点。通过主播的专业讲解和现场演示，产品的优势和卖点被充分展现，消费者的购买决策过程变得更加透明和可信。此外，直播还允许消费者提出问题并得到及时回答，这种即时反馈机制增强了消费者对产品的信任感。企业通过直播能够展示产品的真实效果和优良品质，提升品牌形象和市场信誉，增强消费者的购买意愿。

（三）促销价值

直播能够营造出一种紧迫感和参与感，激发消费者的购买欲望。在直播过程中，主播常常会推出限时优惠、秒杀活动、抽奖互动等促销手段，这些活动能够迅速吸引观众的注意力，增加观看人数和提高互动频率。同时，直播还可以利用人气主播和明星代言人来增强促销效果，借助他们的影响力和粉丝基础，为企业带来更多的曝光和销售机会。此外，直播的实时数据分析功能使企业能够即时掌握消费者的反馈和行为，及时调整促销策略，提高促销的精准性和有效性。通过直播，企业不仅能够提升销售业绩，还能积累消费者数据，优化营销策略，增强市场竞争力。

第二节 直播营销活动策划

一、直播营销设计

直播营销设计的内容主要包括设计直播营销方案以及营销活动规划跟进。

（一）设计直播营销方案

1.直播营销方案的作用

设计直播营销方案在整个直播活动中具有至关重要的作用，它是确保直播活动有序进行、达到预期目标的关键。具体而言，直播营销方案具有以下几个主要作用。

（1）明确目标，指导方向。直播营销方案可以为整个直播活动提供清晰的方向和指导，有助于制定具体的策略和行动计划，确保每一个环节都围绕核心目标展开，避免资源浪费和方向偏离。

（2）系统规划，提高效率。直播营销方案对活动的各个环节进行系统化的规划，包括直播前的准备、直播中的执行以及直播后的跟进。通过细致的方案设计，可以确保每一个步骤都有条不紊地进行，提高整体的执行效率。

（3）资源整合，优化配置。直播营销方案能够帮助企业整合和优化各种资源，包括人力、物力和财力资源。通过方案的设计，可以明确各项资源的分配和使用方式，避免资源的浪费和冲突。

（4）风险预估，应对准备。在设计直播营销方案时，应预估可能出现的风险和挑战，并提前制定应对措施。例如，直播过程中可能会遇到技术故障、互动冷场、突发事件等情况，通过方案设计，可以提前准备应急预案，确保直播活动的顺利进行和突发状况的快速应对。

（5）效果评估，持续优化。直播营销方案还包括对活动效果的评估和后续的优化建议。通过明确的评估指标和方法，可以在直播结束后及时收集和分析数据，总结经验教训，为下一次直播活动提供改进建议和优化方案。这种持续优化的过程，有助于企业不断提升直播营销的效果，逐步形成科学高效的直播营销体系。

（6）提升团队协作能力，增强执行力。详尽的直播营销方案可以增强团队的协作能力和执行力。通过明确各个环节的任务分工和责任，团队成员可以清楚自己的工作内容和目标，减少沟通障碍和解决困难，提高整体的执行效率和协作效果。

（7）提升品牌形象，建立信任。精心设计的直播营销方案可以帮助企业树立专业的品牌形象，增强观众对企业的信任感。通过高质量的直播内容和互动体验，企业能够展示自身的专业性和诚信度，提升品牌的知名度和美誉度，建立与观众之间的长久信任关系。

2. 直播营销方案的构成要素

一个完善的直播营销方案应包括以下几个要素。

（1）直播目的。直播目的包括快速完成短期销售、达成持久性销售及提升品牌知名度等。

①快速完成短期销售。通过直播活动，企业能够在短时间内集中力量推销产品，实现快速销售。直播的即时互动性和直观展示效果，使观众更容易被吸引并产生购买冲动。限时优惠、抢购等促销手段在直播中尤为有效，能够迅速提升销售量。此外，主播的现场解说和互动解答可以直接回应消费者疑虑，进一步促成购买决策。这种短期内的高效销售方式，有助于企业快速回笼资金。

②达成持久性销售。通过定期直播，企业能够持续与观众互动，培养忠实客户群体。直播中分享产品使用技巧、客户反馈等信息，有助于提升用户体验和满意度。长期的品牌故事和文化传递，使消费者对品牌形成深刻认同，从而提高复购率和客户忠诚度。这种持续性销售策略，为企业带来稳定的收入。

③提升品牌知名度。通过创意内容和专业展示，企业可以在直播中全面展示品牌特色和价值观，强化品牌在观众心中的记忆点。通过频繁且有特色的直播活动，品牌形象得以不断强化，吸引更多潜在客户关注和参与，从而提升市场竞争力。

（2）直播简述。直播营销方案正文需要对直播的整体思路进行简要描述，包括直播形式、直播平台、直播亮点、直播主题等。每个项目组的负责人姓名、成员姓名等也需要在方案正文中予以说明。

①直播形式。直播形式是直播营销方案中至关重要的一部分，它决定了整个直播的呈现方式和观众的互动体验。直播形式可以多种多样，包括单人直播、多人直播、访谈式直播、场景化直播等。单人直播适用

于主播或品牌代言人单独展示和介绍产品；多人直播可以通过嘉宾对话、专家讨论等形式，提升直播的丰富性和专业性；访谈式直播通过对话的方式，使信息传递更自然、更具吸引力；场景化直播则通过展示产品的实际应用场景，让观众更直观地了解产品的功能和优势。在选择直播形式时，要根据产品特点、目标受众和直播目的进行合理设计，确保直播形式与内容的完美结合。

②直播平台。直播平台的选择直接影响到直播的覆盖范围和观众群体。不同的平台拥有不同的用户基础和特点，选择合适的平台能够更有效地触达目标受众。在直播营销方案中，应明确选择的平台，并说明选择该平台的原因，以确保最大限度地利用平台的流量和用户资源。

③直播亮点。直播亮点是吸引观众注意力的重要因素。在直播营销方案中，需要详细描述直播的亮点，包括产品特色、互动环节、促销活动等。例如，某款新产品的独特功能和设计是直播的亮点之一，通过详细的演示和讲解，让观众感受到产品的魅力。互动环节如抽奖、问答等，可以增加观众的参与感和互动性。限时折扣、优惠券发放等促销活动，能够激发观众的购买欲望，提高销售转化率。在设计直播亮点时，应考虑观众的兴趣和需求，确保亮点具有吸引力和实际效果。

④直播主题。直播主题是直播活动的核心，决定了直播的整体方向和内容。在直播营销方案中，需要明确直播的主题，并说明选择该主题的背景和意义。直播主题应与品牌定位和受众需求相匹配，确保主题具有吸引力和相关性。例如，一次以新品发布为主题的直播，可以围绕新产品的功能、设计和使用场景展开详细介绍；一次以节日促销为主题的直播，可以通过节日元素和特惠活动，吸引观众的关注和参与。在设计直播主题时，应注重创意和独特性，使主题能够在众多直播中脱颖而出。

（3）人员分工。在直播营销方案中，明确人员分工是确保直播活动顺利进行和取得预期效果的关键步骤。根据执行环节，可以将直播人员进行项目分组，包括道具组、渠道组、内容组、摄制组等。每个组别有其特定的职责和任务，各组之间的协调和配合至关重要。

①道具组。道具组负责直播所需的所有物资准备和现场布置工作。

他们需要根据直播内容准备所需的产品、展示道具、背景布置等。在产品展示环节，道具组需要确保所有展示产品整洁、完好，并按照直播脚本的要求摆放到位。直播场地的背景布置、灯光效果等也需要道具组精心安排，以确保直播画面的美观和专业。道具组需要与内容组和摄制组紧密配合，确保直播现场的每一个细节都符合预期要求。

②渠道组。渠道组负责直播前的推广和宣传工作，以及直播中的观众引导和互动管理。直播前，渠道组需要制订详细的宣传计划，通过社交媒体、企业官网、邮件营销等多种渠道进行预热宣传，吸引潜在观众的关注和参与。在直播过程中，渠道组还需负责实时互动管理，通过回复观众评论、引导观众参与互动环节、解决观众问题等方式，增强观众的参与感，提高观众满意度。渠道组的工作直接影响到直播的观看人数和互动效果，因此需要高度重视。

③内容组。内容组是整个直播活动的核心团队，负责直播脚本的编写和直播内容的策划。他们需要根据直播目的和目标受众设计有吸引力的直播主题和内容，确保每一个环节都能吸引观众的注意力。内容组还需负责与其他组别的协调工作，确保道具、摄制和技术等方面的准备工作与内容策划一致。此外，内容组需提前安排好直播中的互动环节，如问答、抽奖、游戏等，确保直播的互动性和趣味性。

④摄制组。摄制组负责直播的技术支持和拍摄工作，包括摄像、音响、灯光、网络等设备的调试和操作。他们需要确保直播画面和声音的清晰流畅，避免因技术故障影响直播效果。摄制组还需要根据内容组的脚本安排，提前进行现场勘察和设备调试，确保直播时每一个镜头都符合预期要求。在直播过程中，摄制组需要与主播和其他组别保持密切沟通，及时调整拍摄角度和灯光效果，确保直播的专业性和视觉效果。

除了上述分工外，各组之间的协调与沟通也是直播成功的关键。在直播前，需要召开多次协调会议，确保每一个组别都清楚自己的职责和任务，并了解其他组别的工作内容和进展。在直播过程中，各组需要保持实时沟通，及时解决出现的问题，确保直播的顺利进行。在直播结束后，各组需要进行总结和评估，分析直播过程中的优点和不足，通过总结经验和提出改进建议，为下一次直播活动提供参考和借鉴。同时，各组还需要收集观众反馈和直播数据，结合这些信息进行深入分析，进一步优化直播内容和流程，提高未来直播活动的效果和质量。

（4）时间节点。时间节点的设置是直播营销方案中至关重要的一环，应确保每个环节有条不紊地进行，避免整体直播活动的延误。时间节点包括直播的时间节点和项目组的时间节点。

①直播的时间节点。直播的时间节点包括开始时间、结束时间、前期筹备时间和发酵时间等。开始时间是观众进入直播间的时间点，这需要根据目标受众的在线习惯和活跃时间段进行选择，以确保最大化观众的参与度和观看率。结束时间不仅仅是直播结束的时间点，还应考虑到互动环节和后续问题处理的时间。直播时间不宜过长，以避免观众疲劳，一般控制在 1 ～ 2 小时较为合适。前期筹备时间是指从直播策划开始到直播正式开始前的所有准备工作时间。发酵时间是指直播结束后的时间段，在这个时间段内，通过对直播内容的剪辑和二次传播，进一步扩大直播的影响力和受众覆盖面。

②项目组的时间节点。为了确保直播活动顺利进行，每个项目组的任务截止时间必须明确，防止因某项目组的延期导致直播整体延误。以下是各项目组的时间节点设置。

内容组负责直播脚本的编写和内容策划，需要在前期筹备阶段的早期完成任务，以便其他组别有充足的时间进行准备。内容组的任务截止时间应设置在直播前 2 ～ 3 周。道具组需要在内容组提供完整脚本后立即开始工作，任务截止时间应设置在直播前 1 周，以确保有充足的时间进行调整和优化。渠道组负责直播前的宣传推广，宣传推广的启动时间应在直播前 3 周开始，预热宣传在直播前 1 周达到高峰。摄制组需要在道具组布置完成后进行设备调试和现场测试，摄制组的任务截止时间应设置在直播前 3 天，并在直播当天进行最终调试和检查。

（5）预算控制。预算控制不仅是成本管理的手段，更是提升直播营销活动效益的重要保障。首先，需要对各个环节的费用进行详细预估，包括内容制作费用、道具准备费用、技术支持费用、宣传推广费用等。

内容制作费用涵盖脚本编写、素材拍摄和剪辑费用。道具准备费用包括产品展示、场地布置等。技术支持费用涉及设备租赁、网络保障费用。宣传推广费用则包括社交媒体广告投放等。其次，需要设置应急预算，预防突发情况增加的额外开支。定期对各项支出进行审核和调整，确保实际支出与预算相符，避免超支。

（二）营销活动规划跟进

1. 项目操盘规划

项目操盘规划的作用是保障项目完整推进，表现形式是项目操盘规划表。一个好的想法是制订直播营销方案的前提，但是只有想法不足以支撑直播营销方案的具体执行。为保证直播营销方案的落地并且与直播目的完美契合，需要填写项目操盘规划表，即把好的想法系统化，以可视化、可监督跟进的形式展示出来。

2. 项目跟进计划

项目跟进计划是在直播营销方案的执行上进行细化，明确在每个阶段的具体工作是什么、何时完成、负责人是谁等。制订的项目跟进计划并非完全不能改变，在不改变项目跟进目的的基础上，可根据具体需求进行调整，以满足项目跟进的需要。

二、直播前宣传与引流

（一）直播前宣传

直播前宣传是确保直播活动成功的重要环节，通过有效的宣传，可以吸引更多的观众关注和参与直播活动。直播前的宣传策略需要综合利用多种渠道和手段，最大化覆盖目标受众，并为直播活动预热。

1. 制订宣传计划

（1）明确宣传目标。制订宣传计划时，首先要明确宣传的目标，如提高直播的知名度、吸引潜在观众、提升品牌曝光等。明确的目标有助于制定具体的宣传策略和评估宣传效果。

（2）确定宣传时间表。宣传时间表应从直播的前几周开始，逐步加大宣传力度。通过逐步增加宣传频次和覆盖面，营造预热氛围，吸引观众关注。

2. 制作宣传内容

（1）海报与短视频。制作精美的直播预告海报和短视频，通过社交媒体、官网、邮件等渠道进行发布。海报和短视频内容应突出直播的时间、主题、亮点和参与方式，视觉效果要吸引眼球。

（2）倒计时活动。在直播前一周开始进行倒计时宣传，每天发布一条与直播相关的内容，引导观众持续关注。倒计时内容可以包括主播介绍、产品预告、互动环节提示等。

（二）直播前引流

1. 硬广引流

硬广引流是指通过投放硬性广告进行引流，常见的形式包括搜索引擎广告、社交媒体广告、展示广告等。硬广引流的优势在于可以快速、大规模地触达目标受众，提高品牌曝光率和直播关注度。

（1）搜索引擎广告。在搜索引擎上投放关键词广告，用户在搜索相关内容时会看到直播预告的广告，通过点击进入直播预约页面。

（2）社交媒体广告。在社交媒体平台上投放广告，利用平台的用户数据进行精准投放，吸引目标受众关注直播。

（3）展示广告。通过在各类网站、App上投放展示广告，以图片、视频等形式呈现直播预告，吸引用户点击。

2. 软文引流

软文引流是通过发布优质内容，吸引读者的注意力并引导其关注直播。软文内容可以是文章、博客、新闻稿等，侧重于与直播主题相关的内容，以润物细无声的方式进行宣传。

（1）博客文章。在企业官网、博客、行业网站等平台发布与直播主题相关的文章，文章中嵌入直播预告和链接，吸引读者预约和关注。

（2）新闻稿。撰写新闻稿，发布在新闻媒体和行业网站上，通过新闻报道的形式宣传直播活动，提升权威性和信任度。

3. 视频引流

视频引流是通过制作并发布短视频、预告片等，引起用户的兴趣并引导其关注直播。视频这一形式生动直观，能够有效吸引用户的注意力。

（1）短视频平台。在短视频平台发布直播预告片和相关内容，通过平台的推荐机制扩大曝光。

（2）企业自媒体。在企业的官方账号发布视频内容，介绍直播亮点和主题，吸引现有粉丝关注和预约。

4. 直播引流

直播引流是通过已有的直播活动，进行交叉推广，吸引观众关注即将到来的直播活动。这种方式能够有效地利用现有的观众资源，提升新直播的关注度。

（1）交叉推广。在已有的直播活动中，由主播进行口播宣传，介绍即将到来的直播活动，鼓励观众预约和关注。

（2）合作直播。与其他品牌合作，在它们的直播活动中进行宣传和引流，借助合作方的影响力和观众基础，提升新直播的曝光率。

5. 问答引流

问答引流是通过在问答平台上回答与直播主题相关的问题，提供有价值的内容，同时在答案中嵌入直播预告和链接，引导用户关注和预约直播。

6. 线下引流

线下引流是通过线下活动和宣传手段，吸引潜在观众关注直播。常见的线下引流方式包括实体店宣传、线下活动、海报张贴等。

（1）实体店宣传。在企业的线下实体店进行宣传，通过店内海报、传单、店员口头介绍等方式，向到店客户宣传直播活动。

（2）线下活动。在行业展会、论坛、沙龙等线下活动中进行宣传，通过与参会人员的互动和交流，引导其关注直播。

（3）海报张贴。在目标受众常活动的地点张贴海报或分发传单，宣传直播时间和亮点，吸引路人关注和参与。

三、直播营销活动的执行

（一）直播开场

1. 直播开场设计的要素

直播开场是整个直播活动中至关重要的环节，观众在进入直播间后的短时间内就会决定是否继续观看。因此，一个精心设计的开场可以有效抓住观众的注意力，提升直播的整体效果。直播开场的设计需要从以下五个层面考虑。

（1）引发观众兴趣。直播开场需要迅速引发观众的兴趣，使他们愿意继续观看。

（2）促进观众推荐。开场时应鼓励观众分享直播链接，邀请朋友一同观看，以扩大直播的影响力和覆盖面。

（3）代入直播场景。通过有效的场景设置和互动，引导观众迅速代入直播场景，提升他们的参与感。

（4）渗透营销目的。在开场时巧妙地渗透直播的营销目的，提升观众的购买或参与意愿。

（5）平台资源支持。充分利用直播平台提供的资源支持，提升直播的曝光率和观看量。

2. 直播活动开场的形式

直播开场的形式多样，选择合适的开场形式可以有效地吸引观众的注意力，并使其迅速进入直播状态。下面介绍几种常见的直播开场形式。

（1）直白形式开场。直白形式开场是一种直接明了的方式，主播在开场时直接告知观众具体的直播信息，包括直播活动的主题介绍、公司介绍、抽奖等内容。通过这种方式，观众能够迅速了解直播的核心内容和主要目的，明白他们将会看到什么以及能获得什么好处。这种形式适用于时间紧凑、信息量大的直播活动，能够快速抓住观众的注意力。例如，主播可以在开场时简洁有力地说："大家好，欢迎来到我们的新品发布直播。我是主播×× ，今天我将为大家介绍全新的产品×× ，并且在直播中还有多轮抽奖，大家一定不要错过！"这样直截了当的开场，可以迅速传达关键信息，激发观众的观看兴趣和参与热情。

（2）提问题形式开场。通过提出一个与直播主题相关的问题，引导观众进行思考，从而逐渐进入直播主题。这种形式能够有效地调动观众的好奇心和参与感，使他们更愿意投入直播中。主播可以在开场时提出一个引人思考的问题，例如："大家有没有想过，为什么今年的潮流趋势会发生这么大的变化呢？"通过这样的提问，观众会开始思考并期待接下来的解答和讨论。这种形式的开场不仅能够吸引观众的注意力，还可以为直播内容埋下伏笔，使整个直播过程更加连贯和引人入胜。

（3）揭示数据形式开场。通过抛出与直播主题相关的有趣或惊人的数据，吸引观众的注意力。数据往往具有直观性和冲击力，能够迅速引起观众的兴趣。主播可以在开场时说："根据最新的市场调查，80%的消费者更倾向于选择智能家居产品。"通过这种形式，观众不仅会对这个数据感到惊讶，还会对接下来的直播内容充满期待。这种形式的开场能够提高直播的权威性和可信度，使观众更加信任和重视接下来的内容。

（4）故事形式开场。通过讲述一个与直播主题相关的故事来引起观众的兴趣。故事形式开场的关键在于选择一个具有吸引力和共鸣点的故事，通过生动的描述和细节展示，使观众对故事情节产生兴趣和好奇心。故事可以是关于企业创始人的创业经历、产品研发的背后故事，或者是用户真实的使用体验和反馈。通过讲述故事，观众不仅能了解更多背景信息，还能在情感上与企业或产品产生共鸣。这种形式的开场能够有效地吸引观众的注意力，提高他们的参与感和忠诚度，从而提升直播的整体效果。

（5）道具形式开场。在直播开始时可以使用相关的道具来吸引观众的注意力和兴趣。道具可以是新产品、企业吉祥物，甚至是与直播主题相关的任何物品。使用道具形式开场的关键在于选择能够引起观众好奇心和兴趣的物品，并通过互动演示或展示，增强观众的视觉体验和参与感。通过道具的展示，可以让观众对直播内容有更直观的了解，提高他们的观看兴趣和期待。同时，主播在使用道具时可以结合生动的讲解和演示，使观众在观看的过程中更加专注和投入。这种形式的开场能够提高直播的趣味性和互动性，从而提升观众的参与度和满意度。

（6）提出热点开场。借助当前的热点事件或话题，拉近与观众的距离，迅速吸引他们的注意力。这种形式利用热点事件的广泛关注度和讨论热度，使直播内容与观众的兴趣点高度契合。提出热点开场的关键在于选择一个与直播主题相关且当前热度较高的事件或话题，通过简洁明了的引入，使观众在短时间内对直播内容产生兴趣。主播可以通过讨论热点事件的背景、现状和未来发展，逐步引入直播的主题和内容。在这个过程中，可以结合热点事件中的关键点和亮点，与直播内容相互关联，使观众在熟悉的语境中更容易理解和接受直播的信息。这种形式的开场不仅能够迅速提升直播的关注度和参与度，还能通过热点事件增强直播的时效性和相关性，从而拉近与观众的距离，提升直播的效果。

（二）直播互动

1. 直播互动的意义

（1）提升观众参与感。通过实时互动，观众可以积极参与到直播中，这种参与感能够让观众感受到自己是直播的一部分，增加对直播内容的关注度和投入感。

（2）提升受众黏度。互动能够拉近主播与观众之间的距离，增强彼此之间的情感联系。观众在互动中感受到被重视和关注，会更愿意持续关注和参与直播，提升受众黏度和忠诚度。

（3）实时反馈和调整。直播互动可以帮助主播和团队及时获取观众的反馈，了解观众的兴趣和需求。根据观众的实时反应，主播可以灵活调整直播内容和节奏，确保直播更符合观众的期待和兴趣点，从而提升直播效果。

（4）提高销售转化率。在电商直播中，互动可以直接影响销售转化率。通过解答观众的疑问、展示产品的使用效果、提供限时优惠等互动方式，可以有效地推动观众的购买决策，提升销售转化率。

（5）丰富直播内容。互动能够使直播内容更加丰富和生动，吸引更多观众参与，提升直播的吸引力和影响力。

2. 直播互动的方式

（1）派发红包。派发红包是一种高效的直播互动方式，能够迅速吸引观众的注意力并激发他们的参与热情。这种方式通常包括以下几种具体形式。

①限时红包。在直播过程中设置多个限时红包，在特定时间段内，观众可以通过点击红包链接或参与特定活动（如答题、留言等）获得红包奖励。限时红包能够营造紧张和期待的氛围，吸引观众的持续关注和参与。

②抽奖红包。通过抽奖的形式派发红包，观众需要完成特定操作（如关注主播、分享直播链接、发送弹幕等）才能参与抽奖。抽奖红包不仅能提升观众的互动积极性，还能扩大直播的传播范围。

③随机红包。在直播过程中不定时随机派发红包，观众在观看直播时有机会随机获得红包奖励。随机红包增加了观众的惊喜感和参与兴趣，提升了直播的娱乐性和吸引力。

④互动任务红包。设置特定的互动任务，如参与问答、完成投票、参与小游戏等，完成任务的观众可以获得红包奖励。这种形式不仅提高了观众的互动参与度，还能通过任务设计引导观众深入了解直播内容或产品信息。

⑤红包雨。在特定的环节或时间段，主播发起红包雨活动，观众在直播间中可以点击飞舞的红包领取奖励。红包雨能够营造直播的高潮氛围，吸引大量观众同时在线参与，增加直播间的活跃度和热度。

为了确保派发红包活动的顺利进行并达到预期效果，需要注意以下几个事项。

第一，明确红包规则。在派发红包之前，明确红包的发放规则和参与条件。

第二，控制红包预算。合理设置红包金额和数量，控制总预算。在策划阶段，应根据活动目标和预算，制订详细的红包发放计划，避免因超支而影响其他营销活动。

第三，分批次发放。将红包分批次发放，避免在短时间内集中发放导致服务器压力过大或观众参与热情下降。分批次发放能够保持直播间的热度和观众的持续参与。

第四，实时监控和调整。在派发红包过程中，实时监控红包发放情况和观众的反馈。如果发现问题或观众参与热情下降，可以及时调整红包发放策略和互动形式，确保活动效果最大化。

第五，保障公平性。确保红包发放过程的公平性，避免出现技术问题或人为干预导致部分观众无法领取红包。可以通过第三方平台或工具实现红包发放，确保红包发放的透明和公正。

（2）弹幕互动。弹幕互动是直播平台中常用的一种互动方式，通过实时显示观众的评论和反馈，增强观众的参与感和互动性。弹幕互动的具体形式有如下几种。

①实时评论。观众可以在直播过程中发送实时评论，这些评论会以弹幕形式在屏幕上滚动显示。实时评论能够让观众表达自己的观点、提问或反馈，增加直播的互动性和参与感。主持人可以通过回应弹幕中的问题或评论，与观众进行互动，拉近与观众的距离。

②互动问答。主持人可以通过弹幕提问，与观众进行互动问答。例如，主持人提出一个与直播内容相关的问题，观众通过弹幕进行回答，回答正确的观众可以获得奖励或红包。互动问答不仅提高了观众的参与感，还能增强直播的趣味性和互动性。

③观众投票。在直播过程中，可以通过弹幕进行观众投票。例如，主持人可以提出多个选项，让观众通过发送特定弹幕进行投票，选择他们喜欢的选项。观众投票能够让观众参与到直播内容的决策中，提高参与感和满意度。

④弹幕互动游戏。在直播过程中，可以设计一些弹幕互动游戏，如猜谜语、拼字游戏等。观众通过发送弹幕参与游戏，提高直播的趣味性和互动性。这种形式能够有效调动观众的参与热情，提升直播的活跃度。

⑤幸运弹幕。在直播过程中，可以随机选择一些弹幕发送者给予奖励或红包。例如，主持人宣布在某一时间段内随机抽取几条弹幕的发送者进行奖励，这种形式能够激发观众的参与热情，提高直播的互动性。

弹幕互动要注意以下几点。一是实时监控弹幕内容，确保弹幕中没有不良信息或广告。可以设置关键词过滤或启用弹幕管理员，保持弹幕互动的良好氛围。二是适当控制弹幕的频率，避免过多的弹幕影响观众的观看体验。可以设置弹幕发送间隔或限制每个用户的弹幕发送次数，保持弹幕互动的有序和清晰。三是积极回应弹幕中的问题和评论，与观众进行互动交流。四是通过提问、互动游戏等方式，引导观众积极参与弹幕互动，保持直播的热度和活跃度。

（3）设置抽奖。设置抽奖是直播互动中非常有效的方式之一，它能够激发观众的参与热情，提升直播的观看人数和提高互动频率。通过抽奖活动，观众不仅可以获得实物奖励，还能体验到参与和中奖的乐趣，从而提高对直播的关注度和忠诚度。以下是设置抽奖的注意事项。

①多样化的抽奖形式。在直播过程中，可以设置多种抽奖形式，如即时抽奖、定时抽奖和互动抽奖等。即时抽奖是在直播的特定时间点进行，主持人随机抽取观众送出奖品；定时抽奖是在直播开始前公布抽奖时间点，观众需在该时间段内保持在线以参与抽奖；互动抽奖是观众完成特定的互动任务（如点赞、分享、评论等）后参与抽奖，增加互动的乐趣，提高参与感。

②明确抽奖规则。在直播开始时，主播须清晰地讲解抽奖规则，包括参与方式、抽奖时间、奖品种类和领取方式等。明确的规则能够避免观众的困惑和误解，保证抽奖活动的顺利进行。

③吸引人的奖品设置。选择观众感兴趣和具有吸引力的奖品，可以是产品折扣券、品牌周边、实物奖品甚至现金红包。吸引人的奖品能够激发观众的参与热情，提高直播的互动性和观看人数。

④公正透明的抽奖过程。确保抽奖过程的公正和透明，避免观众对抽奖结果产生怀疑。可以通过直播平台的抽奖工具或第三方抽奖软件进行随机抽取，主播实时公布抽奖结果，并展示抽奖过程，提高观众的信任感。

⑤实时公布中奖名单。在抽奖结束后，主持人应及时公布中奖名单，并与中奖观众进行互动，确认奖品的领取方式。实时公布中奖名单不仅能提高抽奖的透明度，还能提高观众的参与感和兴奋度。

⑥鼓励观众分享和传播。在抽奖活动中，鼓励观众分享直播链接或邀请好友参与抽奖，通过扩散传播提高直播的曝光度和参与人数。例如，设定分享抽奖环节，观众分享直播链接后获得额外的抽奖机会，提升直播的覆盖范围和影响力。

⑦抽奖频率控制。合理安排抽奖的频率和时间点，避免过于频繁的抽奖导致观众的疲劳和兴趣下降。可以在直播的不同阶段设置多个抽奖环节，保持观众的持续关注和参与。

（4）连麦。连麦是一种互动性强、参与感高的直播互动方式，通过邀请观众或嘉宾与主播进行实时连线，提高直播的互动性和多样性。连麦互动的具体形式包括以下几种。

①观众连麦。主播可以在直播过程中邀请观众进行连麦互动，通过视频或音频连线与观众进行对话。观众连麦可以用来解答观众的问题、听取观众的反馈或分享观众的故事和体验。通过与观众的直接交流，提高观众的参与感和亲密感，提高直播的互动性和观众的忠诚度。

②嘉宾连麦。邀请特定领域的专家或名人嘉宾进行连麦，通过嘉宾的专业知识或影响力，提升直播的内容质量和观众的关注度。嘉宾连麦可以围绕直播主题展开讨论，分享专业见解或回答观众提问，提高直播的权威性。

③连麦游戏。设计一些连麦互动游戏，通过邀请观众或嘉宾参与游戏，提高直播的趣味性和娱乐性。例如，主持人可以设置知识问答、挑战赛或合作任务等连麦游戏，与观众或嘉宾共同完成，调动观众的参与热情，提升直播的活跃度。

④粉丝互动。连麦可以用于与粉丝进行深度互动，增强粉丝的归属感和忠诚度。例如，主持人可以通过连麦与忠实粉丝进行一对一对话，了解粉丝的需求和建议，并给予特别感谢和奖励。这种方式能够有效提升粉丝的活跃度和忠诚度，提高品牌的影响力和美誉度。

直播时连麦互动需要注意以下几点。

第一，在直播前，提前选择好连麦的观众或嘉宾，确保他们的设备和网络状况良好。与连麦对象进行沟通和协调，明确连麦的内容和流程，避免临场出现技术或沟通问题。

第二，确保直播平台的连麦功能稳定可靠，避免连麦过程中出现卡顿、断线或音视频不同步的问题。可以提前进行连麦测试，确保技术问题得到及时解决。

第三，主播在连麦过程中应善于引导互动，提出有趣的问题或话题，保持对话的流畅和生动。通过适时的提问和回应，调动观众和嘉宾的参与热情，确保连麦互动的效果。

第四，合理控制连麦的时长，避免连麦时间过长影响其他直播内容的安排。根据直播的整体节奏和观众的反应，灵活调整连麦的时间和频率，保持直播的连贯性和观赏性。

第五，连麦过程中可能会遇到突发情况，如设备故障、网络问题或不当言论等。直播团队应具备应变能力，及时应对和处理突发情况，确保直播的顺利进行。

（三）直播收尾

一个良好的收尾不仅能够总结直播内容、提升观众的满意度，还能为后续的营销活动打下良好的基础。直播收尾的主要内容包括以下几点。

1. 总结直播内容

在直播结束前，主持人应简要回顾和总结直播的主要内容，帮助观众回顾直播中的重要信息和亮点。总结可以包括以下几点。

（1）核心内容回顾。简要回顾直播中提到的关键点和重要信息，确保观众对直播内容有清晰的记忆和理解。

（2）互动环节回顾。回顾直播中的主要互动环节和观众参与情况，感谢观众的积极参与和支持。

（3）主要成果展示。展示直播中取得的主要成果，如产品销售数据、观众参与度、互动次数等，提升观众的参与感和成就感。

2. 感谢观众参与

在总结内容后，主持人应对所有观看和参与直播的观众表示感谢，表达对观众的重视和感激之情。感谢观众可以通过以下方式进行。

（1）口头感谢。主持人直接在直播中表达感谢之情，提升观众的认可感和满意度。

（2）发放福利。在直播结束前，向观众发放感谢福利，如优惠券、折扣码、赠品等，回馈观众的支持和参与。

3. 宣布后续活动

在直播结束前，主持人应向观众预告后续的活动和直播安排，吸引观众持续关注和参与。预告可以包括以下内容。

（1）下一场直播。告知观众下一场直播的时间、主题和亮点，激发观众的期待感和参与意愿。

（2）后续活动。介绍即将开展的其他营销活动或促销活动，吸引观众的关注和参与。

（3）关注渠道。提醒观众关注直播平台或品牌的社交媒体账号，获取更多最新资讯和活动信息。

四、直播营销复盘

直播营销团队在复盘的时候，主要从直播数据的记录、直播数据的分析和直播经验总结三个方面考虑。

（一）直播数据的记录

直播数据的记录是直播营销复盘的基础，通过详细的数据记录和分析，可以评估直播的效果，找出不足之处并进行改进。以下是直播数据记录的主要内容。

1. 开播的时间和时长

记录直播的开始时间和结束时间，计算出总的直播时长。具体包括以下3点。

（1）开播时间。直播的具体开始时间，精确到分钟。

（2）结束时间。直播的具体结束时间，精确到分钟。

（3）总时长。从开始到结束的总时长，通常以小时和分钟计算。

记录这些数据有助于了解直播的整体安排和节奏，分析不同时间段观众的活跃情况，从而优化直播时间安排。

2. 直播间的销售额和成交订单数量

记录直播过程中产生的销售额和成交订单数量。具体包括以下三点。

（1）总销售额。直播期间产品或服务的总销售金额。

（2）成交订单数量。直播期间完成的订单数量。

（3）单品销售数据。不同产品的销售数量和销售额，分析各产品的受欢迎程度。

通过这些数据，可以评估直播的销售效果，了解观众的购买行为和偏好，为后续的产品推广和库存管理提供数据支持。

3. 总观看人数、人数峰值

记录直播的总观看人数和观看人数峰值。具体包括以下两点。

（1）总观看人数。直播期间累计的观看人数。

（2）人数峰值。直播过程中同时在线观众的最高数量。

这些数据能够帮助了解直播的受欢迎程度和观众的参与度，分析观看人数的变化趋势，从而优化直播内容和互动方式，提升观众的观看体验。

4. 直播间用户来源

直播间用户来源是指观众通过哪些渠道进入直播间。记录用户来源有助于了解哪些推广渠道最为有效，从而优化宣传策略，提升引流效果。

常见的用户来源包括社交媒体、官网链接、电商平台、搜索引擎等。通过分析各渠道的用户流量和观看行为，可以评估不同渠道的转化效果，找出高效的推广途径。同时，还可以了解观众的行为路径和偏好，优化引流策略和渠道分配，提升整体引流效果。

5. 新增粉丝数

新增粉丝数是指在直播期间新增的关注用户数量。记录新增粉丝数可以评估直播活动对品牌影响力和用户增长的贡献。新增粉丝数的变化反映了观众对直播内容和品牌的认可程度，是衡量直播效果的重要指标之一。通过分析新增粉丝数的增长趋势和影响因素，可以了解哪些内容和互动形式最能吸引新用户，从而优化直播内容和互动策略，提升用户的关注度和忠诚度。此外，新增粉丝数还可以作为后续营销活动的基础数据，通过对新粉丝的进一步营销和维护，提升用户的黏度和提高转化率。

（二）直播数据的分析

在记录了直播数据之后，进行相应的分析是至关重要的，这些分析结果将为下次直播提供有价值的参考和借鉴。

1. 订单转化率分析

订单转化率是衡量直播期间观众从观看到购买转化的关键指标。通过分析订单转化率，可以了解直播内容、互动环节以及促销活动的有效性。高转化率表明观众对直播产品或服务的兴趣较高，促销策略成功激发了他们的购买欲望。反之，低转化率则提示需要优化直播内容、提升产品展示效果或调整促销方式。具体的分析应包括不同产品的转化情况、特定时间段的转化率变化，以及与观众互动后的转化效果。通过这些细分数据，找到影响转化率的关键因素，为下次直播制定更精准的营销策略。

2. 直播间停留时长分析

直播间停留时长是观众在直播间的平均观看时间，这一指标反映观众的参与度和对直播内容的兴趣度。较长的停留时长意味着观众对直播内容保持较高的兴趣和关注，而较短的停留时长则可能表明内容吸引力不足或互动不够紧凑。分析停留时长可以帮助识别直播中哪些环节最能吸引观众，哪些环节可能导致观众流失。例如，通过对比不同环节的停留时长，可以发现观众更喜欢产品介绍、互动环节还是嘉宾访谈。进一步分析观众流失点，找出导致观众离开的具体原因，如内容无趣、节奏拖沓或技术问题，进而在下次直播中加以改进，优化观众体验。

3. 转粉率分析

转粉率是指在直播期间新增粉丝数占总观看人数的比例，这一指标反映了直播对品牌影响力和用户增长的贡献度。高转粉率表明直播内容和互动成功吸引了新用户关注，提高了品牌的用户基础。分析转粉率应关注以下几个方面：首先，直播内容和互动形式对新用户的吸引力，评估哪些内容或环节最能促使观众关注和转粉；其次，比较不同推广渠道带来的观众转粉情况，找出最有效的引流方式；最后，分析观众参与互动后的转粉情况，了解互动环节对观众转粉的影响力。通过这些数据分析，可以优化直播内容设计和推广策略，提高观众的转粉意愿，进一步扩大品牌的影响力和用户基础。

（三）直播经验总结

直播经验总结是直播营销复盘的重要环节，通过对整个直播过程的回顾和分析，总结成功的经验和失败的教训，可以为未来的直播活动提供宝贵的指导和参考。

第三节　直播营销效果的提升策略

一、选择优质主播

主播作为直播营销的关键人物，具有十分重要的作用。企业选择主播时应考虑以下几点。

（一）职业道德要求

第一，主播应具有正确的世界观、人生观和价值观，坚决拥护中国共产党的领导，树立中国特色社会主义共同理想，践行社会主义核心价值观，具有深厚的爱国情感、国家认同感和中华民族自豪感。主播应崇尚宪法，遵守法律，遵规守纪，具有强烈的社会责任感和参与意识。这样的主播不仅能够传递正能量，还能树立良好的公众形象，赢得观众的尊重和信任，从而提升品牌的美誉度和公信力。

第二，主播应崇德向善、诚实守信、爱岗敬业，具备精益求精的工匠精神。忠于岗位、忠于团队、忠于客户，平等互信，童叟无欺，是职业道德的体现。这样的主播在直播过程中能够诚信待人、认真负责，提升观众对直播内容的信任感和满意度。

第三，主播应具备较强的集体意识和团队合作精神，能够进行有效的人际沟通和协作，具有较强的责任感和使命感。主播在直播中不仅要与观众互动，还要与团队成员紧密合作，确保直播的顺利进行。能够主动完成团队相关工作，并承担相应的责任，是一个合格主播的重要特质。团队合作精神能够提升直播的整体协调性和效果，使得直播过程更加流畅和专业。

第四，主播应具有健康的体魄和心理、健全的人格，勤于学习，勤于工作，勇于奋斗、乐观向上，具有良好的生活习惯、行为习惯和自我管理能力。良好的身心素质是主播应对直播压力、保持长时间高效工作的基础。一个身心健康、积极向上的主播，能够通过其正能量影响观众，提升直播的感染力和吸引力。此外，健康的生活习惯和自我管理能力能够保证主播在每次直播中都能以最佳状态出现，提供高质量的直播内容。

第五，主播应尊重劳动、热爱劳动，具有较强的业务能力和进取精神，能够积极进行创新，并具有一定的抗压能力和面对挫折不屈不挠的坚毅品性。这样的主播在直播过程中能够不断提升自身业务水平，积极探索新的直播形式和内容，为观众提供更优质的观看体验。工匠精神体现在对每一场直播的精益求精和不断追求完美，使直播内容更加专业和精彩。

（二）职业素养要求

第一，主播应熟知直播平台的规范和规则，遵守平台的管理制度，确保直播活动合法合规。同时，主播应掌握直播商品的质量评估知识，能够对所推广的商品进行专业的评估和介绍，确保推荐的商品符合质量标准。主播还应具备应急预案的相关知识，能够在直播过程中灵活应对突发情况，确保直播的顺利进行。这样的专业素养可以提升观众对直播内容的信任感和满意度，避免因违规操作或商品质量问题导致的品牌声誉受损。

第二，主播应严格遵循直播间的程序管理制度和各类直播岗位的专项工作管理制度，确保直播活动的规范化和标准化操作。遵守制度不仅是维护直播秩序的重要手段，也是保障直播质量和效果的基础。主播通过遵循管理制度，可以确保每次直播都能按照预定流程顺利进行，避免因操作不当或管理疏漏导致的直播事故和混乱，提升观众的观看体验和满意度。

第三，主播应具备创新精神，能够不断探索和尝试新的服务管理模式，提升直播的服务质量和观众的观看体验。同时，主播应弘扬网络直播的主旋律，传播正能量，积极推进网络诚信建设。通过创新和正能量传播，主播可以提升直播的吸引力和感染力，增强观众对直播内容和品牌的好感度，进而提升整体服务质量和品牌形象。

（三）知识技能要求

选择优质主播时，知识技能是一个至关重要的考量因素。主播不仅需要具备丰富的专业知识，还需要拥有多种技能，以确保直播活动的顺利进行和高效互动。

1. 专业知识

主播应具备深厚的产品知识和行业背景知识，能够准确、详尽地介绍产品特性和优势；了解行业动态和市场趋势，能够为观众提供专业的见解和建议，提升直播内容的深度和专业性。主播的专业知识能够增强观众的信任感和购买欲望，使直播不仅是销售产品的平台，更是传递价值和信息的渠道。

2. 营销技能

优秀的直播主播应具备扎实的营销技能，能够灵活运用各种营销策略和技巧。

（1）促销策划。设计吸引观众的促销活动，如限时折扣、抽奖活动、优惠券发放等，激发观众的购买欲望。

（2）互动技巧。通过互动问答、弹幕互动、连麦等方式，与观众保持高效互动，提高观众的参与感和黏度。

（3）转化技巧。掌握销售转化技巧，能够在合适的时机引导观众下单购买，提高订单转化率。

3. 沟通表达能力

主播应具备优秀的沟通表达能力，能够清晰、流畅地传递信息，调动观众的情绪和兴趣。

（1）语言表达。语言表达应准确、生动、富有感染力，能够引起观众的共鸣和兴趣。

（2）非语言沟通。善于运用表情、手势等非语言沟通方式，提高表达的生动性和互动性。

4. 技术操作能力

主播应熟悉直播平台的各种功能和操作技巧，能够熟练使用直播设备和软件，确保直播过程顺利进行。主播的技术操作能力应包括以下几个方面：熟练操作摄像机、麦克风、灯光设备等，确保直播画面和音质清晰；熟悉直播平台的各项功能，如弹幕管理、礼物设置、后台数据监

控等，能够灵活运用，提升直播效果；具备一定的应急处理能力，能够
迅速应对直播过程中出现的技术故障或其他突发情况，保证直播的连续
性和观众体验。

5.数据分析能力

主播应具备基本的数据分析能力，能够通过直播数据分析观众行为
和直播效果，优化直播策略。具体包括：能够解读直播后台数据，如观
看人数、互动频次、订单转化率等，了解观众偏好和行为；能够根据数
据分析结果，及时调整直播内容和互动方式，提升直播效果和观众满意度。

（四）其他要求

1.主播形象与直播氛围的协调性

主播个人形象与直播间氛围的协调性影响着观众的第一印象及持续
观看意愿。主播的外表、着装应与直播环境相契合，营造出和谐统一的
观看体验。例如，在一个自然风光的户外直播场合，主播的装扮应更休
闲自然，以符合环境氛围；而在讲述科技产品的直播中，主播可能需要
展现出更专业、干练的形象。这种外在形象与环境的协调，有助于加强
观众的沉浸感，提升直播的吸引力，也有助于增强品牌形象，使品牌信
息更加一致，从而加深观众对品牌的认知和好感。

2.主播形象与产品的匹配性

主播不仅是直播的传播者，也是产品的代言人。例如，推广美妆产
品的主播应展现良好的肤质和化妆技能，这样能提高产品的可信度和吸
引力；而推广健身器材的主播则应展现出健康、有活力的形象。通过主
播形象与产品属性的高度契合，可以有效地提升产品的吸引力，加深观
众对产品特性的理解和认可，从而促进其购买决策。这种匹配性不仅限
于外在形象，主播对产品的理解和使用体验也应与其推广的产品相符，
以展现出真实性和说服力。

二、搭建合适场景

场景是主播营销活动的主要空间，直接影响观众的观感和购买意愿。企业搭建直播场景时需要注意以下几点。

第一，直播场景的选择应根据品牌定位、产品特性以及目标观众群进行策略性规划。门店直播可以充分利用实体店的环境优势，展示品牌形象，增加用户信任，促进线上线下联动消费。仓库直播展示供应链实力，提升品牌透明度和产品信赖度。原产地直播通过呈现产品来源，强调产品的真实性和可追溯性，增加消费者的信任感和购买欲望。主题直播间搭建则需要更精心的设计，以提高用户的代入感和参与度。不同的场景选择应符合直播内容和目标，有效传递品牌信息，激发用户兴趣。

第二，直播场景不仅需要考虑功能性，也需要注重视觉效果和情感共鸣。场景布置应符合品牌形象和直播主题，创造舒适、吸引人的观看环境。例如，做知识付费直播时使用书架作为背景，展现学术氛围；而服装直播则应展示与服装风格相匹配的环境。背景墙的设计应富有创意，能够突出主打产品，同时引起观众情感共鸣，提高观看黏度和互动意愿。

第三，直播场景的搭建还需考虑到技术设备的合理布局，确保直播的流畅性和互动性。高质量的视频和音频设备是必要的，同时，光线、声音等也需要调试到最佳状态，以避免干扰观众体验。设备的选择和布局应与场景环境融为一体，既保证了直播质量，也不破坏场景的整体感受。合理的设备布局不仅能提高直播效果，还能防止技术问题干扰，确保直播的专业性和观众的满意度。

三、优化产品管理

产品是直播营销活动的载体。一场直播活动通常需要做好三类产品的分类：福利产品、主打爆款产品和高利润产品。福利产品主要用于吸引和留住观众，创建互动，提高参与感。通过抽奖或赠送福利产品，可以有效引流并激励观众参与直播互动，从而提高直播的活跃度和观众黏度。福利产品虽不直接创造利润，但在长期内有助于构建忠实的观众群和提升品牌形象。主打爆款产品是直播销售的核心，通常具有高性价比和广泛的市场需求，是吸引观众购买的主力。直播过程中应重点推广这些产品，通过突出其优势和性价比，结合精心准备的话术来强化产品吸引力，从而实现销量的大幅提升。高利润产品定价较高，虽然转化率可能低于爆款产品，但利润空间大，对总体收益贡献显著。在直播中推广高利润产品时，应着重展示产品的独特价值和高端属性，通过增值服务、限量优惠等方式提升其吸引力，从而促进高价值交易。

四、提升直播创意

创意是直播营销活动的灵魂。做好直播内容的创意策划，可以让直播内容变得更有创意、更有吸引用户的魅力。直播活动的创意主要从以下三个方面考虑。

（一）提升直播的文化内容

直播的文化内容是其魅力和吸引力的关键。融入丰富的文化元素和深度信息的直播不仅能够娱乐观众，还能教育和启发他们，从而大大提升直播的价值和观众的忠诚度。例如，一个直播节目可以结合传统节日、地方文化或者特定主题，通过讲故事、展示艺术品或传统手工艺等方式，增加文化内涵，让观众在娱乐的同时获得知识和灵感。此外，邀请专家、学者或文化人参与直播，分享深度内容，也是提升直播文化内容的有效手段。通过这样的策略，企业不仅能吸引更广泛的观众群体，还能提升品牌形象和差异化竞争力。

（二）建立健全内容引导机制

内容引导机制是确保直播内容质量和观众体验的重要手段。直播平台和主播应建立一套有效的内容引导机制，确保直播内容健康、积极、富有教育意义。这包括制定直播内容标准、监控直播过程中的内容、及时调整不适宜内容，以及鼓励优质内容的产生。例如，可以设立内容评审团，对直播内容进行预审或事后评估，给予优秀内容奖励，对不当内容进行处罚或指导。此外，还可以利用技术手段，如 AI 内容监测，来自动识别和过滤不适宜的内容，确保直播环境的健康和积极。

（三）直播间的创意交互方式

直播间内的互动不限于主播与观众之间的简单对话，还可以包括观众之间的互动、观众对直播内容的影响以及观众参与直播内容创造等。例如，可以设计观众投票决定直播走向、观众提问环节、互动游戏或挑战以及观众参与内容创作等多种形式。通过这些创意交互方式，直播不仅能更加生动有趣，还能提高观众的参与感和归属感，从而提升直播的效果和观众忠诚度。

五、加强直播团队建设

加强直播团队建设是提升直播营销效果的重要策略。一个高效、协作的团队能够确保直播活动顺利进行，提高观众的参与度和满意度。直播团队建设可以从以下几个方面进行。

（一）拓宽团队招募渠道

拓宽团队招募渠道是确保企业能够吸引和招聘到优秀人才的关键策略。通过多样化的招募方式和渠道，企业可以找到更多具有专业素养和创新能力的团队成员。常用的招募渠道有以下几种。

1. 在线招聘平台

利用主流的在线招聘平台发布招聘信息。这些平台拥有庞大的用户基础和完善的招聘服务，可以帮助企业迅速找到合适的候选人。企业应详细描述职位要求、工作职责和福利待遇，以吸引更多高质量的应聘者。

2. 社交媒体招聘

社交媒体平台是现代招聘的重要渠道。企业可以在自己的社交媒体账号上发布招聘信息，并通过社交媒体广告推广招聘需求。通过社交媒体招聘，企业不仅能覆盖更广泛的受众，还能展示企业文化和工作环境，吸引志同道合的候选人。

3. 校园招聘

企业与高校合作开展校园招聘，吸引优秀的应届毕业生加入团队。校园招聘不仅可以为企业注入新鲜血液，还能培养企业未来的人才储备。企业可以参加高校的招聘会，举办企业宣讲会和开放日活动，与学生面对面交流，提升企业的知名度和吸引力。

4. 猎头服务

对于高端职位或特殊岗位，可以借助专业的猎头服务。这些猎头公司拥有广泛的人才库和丰富的招聘经验，能够为企业推荐高质量的候选人。尽管猎头服务费用较高，但在寻找高级管理人员或稀缺技术人才时，这种投资是值得的。

5. 内部推荐

建立员工内部推荐机制，鼓励现有员工推荐合适的人选。员工推荐的候选人通常对企业文化和工作环境有较好的了解，且推荐成功率较高。企业可以设置推荐奖励制度，激励员工积极参与招聘活动，扩大人才来源。

6. 行业协会和专业论坛

加入行业协会和参加专业论坛，利用这些平台的资源和网络进行招聘。行业协会和专业论坛会聚了大量专业人才，通过这些渠道发布招聘信息，可以直接接触目标人群，提升招聘的精准度和效果。

7. 企业官网招聘

在企业官网设置招聘页面，发布详细的职位信息和应聘方式。官网招聘不仅能够吸引主动关注企业的求职者，还能展示企业的品牌形象和文化，提高应聘者的信任感和兴趣。

（二）强化团队成员培训

培训是提升团队专业能力和整体素质的重要手段。通过系统的培训，确保每个团队成员都具备所需的知识和技能。

1. 专业知识培训

定期开展产品知识、市场动态、行业趋势等方面的培训，确保团队成员了解最新信息，能够在直播中提供专业的解答和建议。

2. 技术操作培训

针对直播设备和平台功能进行详细培训，确保每个成员能够熟练操作摄像机、麦克风、灯光设备以及直播平台的各项功能，避免直播过程中出现技术故障。

3. 营销技巧培训

培训团队成员掌握各种营销技巧和策略，如促销活动策划、互动方式设计、观众转化技巧等，提升直播的营销效果。

4. 应急处理培训

制定详细的应急预案，并进行应急处理培训，确保团队成员能够迅速应对直播过程中出现的突发情况，保障直播的连续性和稳定性。

（三）增强团队协作

增强团队协作是确保直播活动顺利进行的重要保障。企业可以通过建立良好的沟通机制和协作氛围，提升团队的凝聚力和协作能力。

第一，定期召开团队沟通会议，分享工作进展、讨论问题解决方案，确保团队成员之间的信息畅通和步调一致。

第二，建立跨部门协作机制，如市场、销售、技术等部门的紧密配合，确保直播活动的各个环节无缝衔接，提高整体效率和效果。

第三，组织团队建设活动，如团队培训、拓展训练、联谊活动等，增强团队成员之间的了解和信任，提升团队凝聚力和合作精神。

第四，建立开放的沟通渠道，鼓励团队成员主动提出建议和意见，及时解决工作中遇到的问题，提升团队的整体协作能力。

（四）完善激励机制

激励机制是提升团队成员工作积极性和创造力的重要手段。通过合理的激励措施，可以激发团队成员的潜力和热情。一是建立科学合理的绩效考核体系，根据团队成员的工作表现和业绩进行公平、公正的评估，确保每个成员的付出都能得到认可；二是制定多样化的奖励机制，如奖金、晋升、培训机会、荣誉称号等，对表现优秀的成员进行奖励，激励他们不断提升自己的工作能力和表现；三是为团队成员制订清晰的职业发展规划，提供培训和晋升机会，帮助他们不断提升自己的专业素质和职业水平，增强团队的整体竞争力。

第五章　数字经济时代企业市场营销模式之社群营销

第一节　社群营销概述

一、社群相关概念梳理

（一）社交

社交指社会上人与人之间的交际往来，是人们运用一定的方式（工具）进行交流，从而达到某种目的的社会活动，如一次商业洽谈。社交的本质在于人与人之间的信息交流和情感互动，以满足肉体与精神的需求。

社交的形式有两种：一种是传统形式，包括面对面交流和书信交流；另一种是现代形式，即以手机、平板电脑、笔记本电脑等便携工具为载体，通过网络进行社交。文字、语音、视频等社交手段打破了时间与空间的界限，使人们能够随时随地进行社交。

社交是营销活动的基础，通过社交，营销企业能够获取、转化和维系客户，不断推动业务发展。

（二）社区

社区是在较密切的社交行为的基础上形成的群体。传统的社区一般可以分为地理空间类，如某住宅小区；情感空间类，如轮滑社；等等。

作为市场营销的组成部分，社区有着巨大的潜力，主要体现在以下几个方面。

第一，社区提供了充足的人流量保证，能够吸引更多的消费者，提高营销的效率。

第二，社区内的消费者数量和住所固定，商家能够进行有针对性的跟踪营销，提高营销的针对性和有效性。

第三，社区内的居民由于共同的生活区域和相似的生活方式，容易产生信任感和认同感，从而形成较为稳定的消费群体。

在数字经济时代，社区大部分是以兴趣爱好集结起来的网络虚拟社区。成员之间通过兴趣爱好相互连接，形成围绕兴趣爱好进行密切社交的社区。

（三）社群

社群是在社区成员之间的关系得到进一步强化的基础上形成的稳定群体。对于虚拟网络社区而言，如果不能进化到社群阶段，其生命必定不会长久。

社群的功能主要体现在以下两点。一是增强成员黏性。通过持续的价值提供，增强成员的归属感和黏性，避免成为"死群"。二是促进信息传递和互动。社群成员之间通过密切互动和信息传递，形成稳定的关系网络，提升社群的活跃度和生命力。

社交、社区和社群在本质上都是人际关系和信息交流的不同层次和形式。社交是基础，通过信息和情感的交流实现个人需求的满足；社区是在社交基础上形成的群体，通过共同的兴趣和情感联系形成较为稳定的消费群体；社群则是在社区基础上进一步强化成员关系，通过持续的价值提供和密切互动形成的稳定且有生命力的群体。

二、社群营销的特点

社群营销是一种以社群为基础，通过与社群成员的互动和交流来实现营销目标的方式。这种营销方式在数字经济时代表现出以下几个显著特点。

（一）强互动性

社群营销强调企业与社群成员之间的双向互动。企业不仅向社群成员传递信息，还积极聆听他们的反馈，并根据反馈进行调整和优化。这种互动性增强了社群成员的参与感和归属感，有助于建立信任关系。例如，在一个摄影爱好者社群中，企业可以通过发起摄影比赛、分享摄影技巧等方式，与社群成员互动，激发他们的兴趣和参与热情。

（二）高黏度

社群成员因共同的兴趣、需求或价值观而聚集在一起，形成了较高的黏度。社群营销利用这种黏度，通过持续提供有价值的内容和服务，提高成员的忠诚度。高黏度的社群不仅能稳定地吸引成员，还能通过口碑传播吸引新成员。

（三）精准定位

社群营销能够实现精准定位，企业通过分析社群成员的兴趣、行为和需求，可以制定针对性的营销策略。例如，在一个宠物爱好者社群中，企业可以精准投放宠物食品、玩具等相关广告，而不会浪费资源在不相关的群体上。这种精准定位不仅能提高营销效率，还能提高用户的满意度和购买意愿。

（四）低成本

相较于传统的广告投放，社群营销的成本通常较低。企业可以通过建立和管理社群，在社交媒体、论坛等平台上进行营销活动，而无须投入大量的广告费用。此外，社群成员之间的口碑传播也是一种低成本的营销方式，通过社群成员的推荐和分享，企业可以扩大品牌影响力和提高市场覆盖率。

（五）高信任度

社群内的成员通常具有较高的信任度，他们之间的推荐和分享更容易被接受和信任。企业在社群内的营销活动，如果能赢得社群成员的认可和支持，将大大提高产品或服务的可信度和影响力。

（六）实时反馈

社群营销能够及时获取社群成员的反馈，企业通过社群内的讨论、评论和调查等方式，可以迅速了解用户的需求和意见，并进行相应的调整和改进。例如，在一个电子产品社群中，企业可以通过用户反馈了解产品的优缺点，并在下一次产品升级中进行改进，从而提高用户满意度和产品竞争力。

（七）社会化

社群营销具有强烈的社会化特征，通过社群成员的社交互动，企业的品牌和产品信息能够迅速传播。例如，在一个母婴社群中，成员常常会分享育儿经验和推荐优质母婴产品，通过这种方式，企业的产品信息可以快速覆盖更多的潜在用户，形成广泛的影响力。

三、社群营销的发展趋势

（一）社群营销将继续向品牌化、专业化发展

随着社群营销的逐步成熟，品牌化和专业化将成为其发展的重要趋势。品牌化意味着社群营销不再是单纯的产品推广，而是通过构建强大的品牌形象来吸引和维持用户。通过打造独特的品牌文化和价值观，企业可以在社群中树立良好的品牌形象，提高用户的品牌忠诚度。专业化要求企业在社群运营中具备更高的专业水平和技能，包括精确的市场定位、专业的内容创作和高效的用户管理等。通过专业化的运营，企业可

以更好地满足用户的需求，提高社群的活跃度和用户黏性，从而实现更好的营销效果。

（二）社群产业链向多维度延伸，社群经济更加多元化

社群产业链向多维度延伸是社群经济多元化发展的重要标志。随着社群影响力的扩大，产业链将涵盖更多的环节和领域，包括内容生产、数据分析、社群运营、用户管理等。企业可以通过与各类服务商和合作伙伴的合作，拓展社群产业链的深度和广度，实现资源的整合和优化配置。同时，社群经济也将变得更加多元化，涵盖更多的商业模式和营利方式。例如，通过社群电商、付费会员、广告推广、知识付费等多种途径实现收入的多元化。多元化的社群经济不仅能够增强企业的营利能力，还能促进社群的可持续发展。

（三）社群服务商提供的服务更加全面化、场景化

全面化意味着服务商将涵盖社群运营的各个环节和方面，从内容创作、用户管理到数据分析和活动策划等，为企业提供一站式的解决方案。场景化则是指服务商根据不同的业务场景和用户需求，提供定制化的服务方案。例如，在电商场景中，服务商可以提供精准的用户画像和营销策略；在教育场景中，服务商可以提供专业的课程设计和教学管理服务。通过全面化和场景化的服务，社群服务商可以更好地满足企业的需求，提高社群运营的效果和效率。

（四）社群服务产品与技术不断扩展创新

随着技术的进步，社群服务产品将变得更加智能化。例如，通过大数据和人工智能技术，企业可以实现精准的用户画像和个性化的营销策略，提高用户的满意度和转化率。同时，新的社群服务产品也将不断涌现。例如，虚拟现实、增强现实、区块链等新兴技术在社群营销中的应用，提供了更加丰富和创新的用户体验。技术的创新不仅能够提升社群服务

的质量和效果，还能为企业带来新的商业机会和增长点，推动社群营销的不断发展和进步。

第二节　社群的构建与运营

一、社群的构建

（一）构建社群的基本要素

构建社群的五大基本要素包括同好、结构、输出、运营和复制，如图 5-1 所示。

图 5-1　构建社群的基本要素

1. 同好

同好是构成社群的基础，指的是成员对某种事物的共同认可或行为。社群的形成需要有共同的兴趣、需求或情感纽带，只有存在同好，社群才能真正聚集和稳定。基于某种产品、某种行为、某种标签、某种空间或某种情感都可以形成一个社群。同好的存在让成员有了共同的话题和目标，从而促进互动和交流，提高社群的凝聚力和活跃度。

2. 结构

结构是决定社群存活和发展的关键。有效的社群结构规划能够保证社群的长期存在和持续活跃。社群结构包括以下四个方面。

（1）组成成员。初始成员的质量和构成对社群的发展有重要影响。核心成员往往是社群的中坚力量，他们的参与和贡献决定了社群的基调和方向。

（2）交流平台。社群需要一个稳定的交流平台作为成员日常互动和信息交换的大本营。

（3）加入原则。为了保持社群质量，需要设立一定的筛选机制。这不仅可以确保成员的质量，还能让新加入者感受到社群的价值，从而珍惜社群。

（4）管理规范。随着成员数量的增加，需要设立明确的管理规范和管理员，保持社群的活跃度和讨论质量。

3. 输出

输出是决定社群价值的重要因素。保持社群生命力的一个重要指标就是保持有价值内容的持续输出。持续输出有价值的内容能够维持社群成员的兴趣和参与度，防止社群活跃度的下降。当社群能够提供独特且有意义的信息、知识或服务时，成员会感到自己的需求被满足，从而更愿意留在社群中并积极参与互动。价值内容的输出不仅仅是为了吸引新成员，更是为了保持现有成员的忠诚度和积极性。没有持续输出的社群会逐渐失去吸引力，成员的活跃度会下降，最终可能演变为一个充斥着广告或无用信息的"死群"。另外，需要衡量群成员的输出成果。社群的价值不仅来自群主或管理员的内容输出，还包括群成员的贡献。评估成员的输出成果，可以帮助识别哪些成员在积极贡献，并鼓励更多的成员参与内容创造。通过设定一定的评价机制或奖励措施，可以激励成员提供高质量的内容，形成良性循环。衡量输出成果不仅有助于保持社群的高活跃度，还能增强成员的归属感和成就感，促进社群的长久发展。

全员参与的输出模式比单一的输出模式更能体现社群的真正价值，确保社群的多样性和丰富性。

4. 运营

运营是决定社群寿命的关键因素。科学有效的运营管理能够延长社群的生命周期，增强社群的战斗力和凝聚力。社群运营需要建立"四感"。

（1）仪式感。通过加入申请、群规设立和奖惩机制，确保社群的规范性和成员的行为标准。

（2）参与感。组织讨论、分享等活动，确保成员在社群内有话可说、有事可做、有收获。

（3）组织感。通过分工协作、执行任务等，提升社群的战斗力和成员的协同能力。

（4）归属感。通过线上线下的互动和活动，增强成员的归属感和凝聚力。科学运营可以使社群在激烈的市场竞争中保持活力和持续发展。

5. 复制

复制是决定社群规模和扩展的要素。社群的核心在于情感归宿和价值认同，规模的扩大需要考虑以下两个问题。

第一，是否需要复制，扩大规模。并非所有社群都需要追求大规模。小而美的社群同样可以有效运作，并保持高质量的互动和参与。需要根据社群的成长阶段和成员需求，适时控制扩大节奏。

第二，是否有能力维护大规模社群。扩大规模需要投入更多的资源和精力。社群创建者必须考虑自身的综合能力（人力、财力、物力、精力），确保能够维护和管理大规模社群，盲目扩大规模可能导致管理失控和社群质量下降。

（二）社群的成员结构

1.创建者

创建者是社群的发起人和奠基者，他们通常具备明确的愿景、使命和目标，是社群的核心领导者。创建者的职责包括以下几个方面。

（1）确定社群的主题和方向。创建者首先需要明确社群的主题和方向，这通常与他们的兴趣、专业领域或市场需求紧密相关。通过对目标受众的深入了解和分析，创建者能够确定社群的核心价值和目标，确保社群定位清晰、方向明确。

（2）制定社群规则和规范。为了维持社群的秩序和良好的互动氛围，创建者需要制定一套明确的规则和规范。这些规则应涵盖成员的行为准则、互动方式、内容发布规范等方面。

（3）吸引和招募首批成员。创建者需要利用自己的影响力和资源，吸引和招募首批核心成员。核心成员通常是创建者的朋友、同事或领域内的专家，他们的加入不仅能增强社群的专业性和影响力，还能带动更多人参与进来。创建者需要通过各种渠道，如社交媒体、线下活动等，积极推广和宣传社群，扩大社群的知名度和影响力。

（4）领导和引导社群的发展。在社群的初期发展阶段，创建者需要定期组织活动、发布内容、与成员互动，保持社群的活跃度和凝聚力。通过制定短期和长期发展目标，创建者能够引导社群逐步实现预定目标，推动社群的持续成长和发展。

2.管理者

管理者在社群中扮演着维持秩序、推动互动和确保社群健康发展的关键角色。他们的职责包括以下几个方面。

（1）内容审核和发布。管理者需要审核社群成员发布的内容，确保其符合社群的主题和规则。他们还需要定期发布有价值的内容，如公告、活动通知、知识分享等，保持社群的活跃度和吸引力。通过内容审核和发布，管理者能够引导社群的讨论方向，提升社群的整体质量。

（2）活动策划与组织。为了增强社群的互动和凝聚力，管理者需要定期策划和组织各种活动，如讨论会、分享会、线上线下活动等。这些活动不仅能提高成员的参与度，还能增强成员之间的联系和归属感。

（3）成员管理。管理者需要对社群成员进行有效管理，包括新成员的加入审核、现有成员的活跃度监控和不良成员的处理等。他们需要设定一定的筛选机制，确保新成员的质量，同时通过各种激励机制（如积分制度、荣誉称号等）提升现有成员的活跃度。对不遵守社群规则或影响社群和谐的成员，管理者需要及时采取措施，如警告、禁言或移除等。

（4）数据分析与反馈。管理者需要定期对社群的数据进行分析，如成员活跃度、内容互动率、活动参与率等。通过数据分析，管理者可以了解社群的现状和趋势，发现存在的问题和不足。根据数据分析结果，管理者需要及时调整社群的运营策略，优化管理措施，提高社群的整体质量和活跃度。

3. 参与者

参与者是社群的主体，他们的多元化和深度参与是社群活力和生命力的关键。参与者可以分为高势能、中势能和普通势能三类。

（1）高势能参与者。高势能参与者约占社群成员的5%。这些成员通常具有较高的影响力、专业知识或资源，他们在社群中扮演核心和引领的角色。高势能参与者的贡献主要体现在以下几个方面：①他们经常分享高质量的内容，如专业知识、实用技巧和深度见解，这些内容能够吸引其他成员的关注和讨论，提升社群的整体质量；②他们能够通过自己的言行和影响力，引导和激励其他成员积极参与社群活动，营造良好的互动氛围；③他们具备解决问题的能力，能够帮助其他成员解答疑问、解决困难，增强社群的凝聚力和成员的归属感。

（2）中势能参与者。中势能参与者约占社群成员的15%。这些成员具备一定的专业知识和影响力，积极参与社群的各项活动，是社群的重要中坚力量。中势能参与者的贡献主要体现在以下几个方面：①他们积极参与社群的讨论和活动，提出建设性的意见和建议，推动社群的良性发展;②他们经常分享有价值的内容,如经验分享、案例分析和资源推荐,这些内容丰富了社群的知识库和信息量;③他们愿意协助管理者执行社群规则、组织活动和解决问题,为管理者分担压力,确保社群的有序运作。

(3)普通势能参与者。普通势能参与者约占社群成员的80%。这些成员是社群的基础,他们的广泛参与和支持决定了社群的规模和基本活跃度。普通势能参与者的贡献主要体现在以下几个方面:①他们参与日常的互动和讨论,虽然贡献的内容可能不如高势能和中势能参与者那么高质量,但他们的参与度确保了社群的基本活跃度;②他们通过反馈和提出需求,帮助管理者和高势能参与者了解社群的整体情况和改进方向,从而优化社群的运营和服务;③他们中有些人通过在社群中的学习和互动,可能逐渐成长为中势能参与者或高势能参与者,进一步提升社群的整体质量和能量。

4. 开拓者

人是社群的主体、核心和资源,必须充分发挥人的作用,才能真正发挥出社群的潜力。所以开拓者要能够深挖社群的潜能,在不同的平台对社群进行宣传与扩散,尤其要能在加入不同的社群后促成各种合作的达成。因此,要求开拓者具备懂连接、善交流、能谈判的特质。

5. 分化者

分化者是社群中的深度参与者和潜在领导者,他们在社群的复制和扩展中起着重要作用。分化者的职责如下。

第一,通过不断的学习和实践,熟悉社群的所有细节和操作流程,为社群的发展提供建设性意见和改进方案。

第二,参与社群的各项活动和讨论,积极传播和维护社群的核心理念和文化氛围。分化者的文化认同感和传播力,有助于增强社群的凝聚力和成员的归属感。

第三,分化者是未来大规模社群复制的超级种子用户,他们在社群中的深度参与和理解,使他们具备了复制和扩展社群的能力。在社群扩展过程中,分化者能够迅速适应新环境,传播社群文化和价值观,带动新成员的参与，提高其活跃度。分化者的存在，为社群的规模化和多元化发展奠定了基础。

6. 合作者

合作者的作用在于通过资源互换和共享，推动社群与其他社群或组织之间的合作，提升社群的活跃度和影响力。不同社群间的跨界合作可以涉及知识分享、联合活动、品牌推广等多个方面，这种合作不仅能够为双方带来实际的利益，还能增强社群的多样性和创新性。在合作过程中，合作者需要具备良好的沟通和谈判能力，能够有效协调和管理合作事宜，确保合作的顺利进行和互惠互利。同时，合作者还需要认同社群的理念和价值观，确保合作的方向和目标与社群的发展一致。此外，合作者需要具备匹配的资源，包括人力、物力和财力资源，以支持合作项目的实施和推进。

7. 付费者

社群的正常运作离不开资金的投入，付费者是社群的重要经济支持者，他们通过不同形式的付费行为，为社群的运营和维护提供必要的资金支持。通过付费，付费者不仅获得了社群提供的实际利益，还能感受到自身对社群发展的贡献和价值。付费者的支持可以通过多种形式实现，如会员费、赞助费、课程费等，具体形式取决于社群的性质和运营模式。社群需要为付费者提供优质的服务和体验，确保他们感受到物有所值，并愿意持续付费和支持社群的发展。通过对付费者的有效管理和维护，社群可以获得稳定的资金来源，为长期发展打下坚实的经济基础。

二、社群活跃度的维持

社群活跃度的维持是确保社群持续发展的核心任务。高活跃度不仅能够增强成员的归属感和参与感，还能吸引更多新成员的加入，扩大社群的影响力和覆盖面。合理运用多种方法，管理者可以有效地提升社群的活跃度，推动社群的长期发展和壮大。

（一）提高社群价值

1. 设置社群门槛

在社群提供价值的同时，成员自身也必须具备一定的价值。设置门槛是为了找到与社群目标和主题相契合的成员，减少低质量成员的加入，从而保障社群的整体质量和价值。以下是几种常见的社群门槛设置方式。

（1）邀请制。邀请制适用于较小规模且高度私密的社群。通过群主或现有成员邀请朋友加入，可以确保新成员与现有成员之间存在一定的信任基础和共同兴趣。邀请制的私密性较强，有助于形成一个紧密且高质量的社群。例如，一个专业的行业讨论群可以通过现有成员推荐同事或朋友加入，以确保新成员的专业背景和讨论水平。

（2）任务制。任务制要求新成员在加入社群前完成特定任务。常见任务包括"转发朋友圈并截图给管理员"或"集齐一定数量的点赞"。这种方式不仅可以筛选出有兴趣和有行动力的成员，还可以在社群外部进行一定的宣传，提高社群的知名度和影响力。

（3）付费制。付费制是通过付费购买产品或成为会员的方式加入社群。付费门槛可以有效筛选出对社群内容和服务真正感兴趣且愿意投入的成员，同时能为社群运营提供资金支持。

（4）申请制。该方式不主动邀请，也不要求付费购买产品或成为会员，但申请者要像申请工作一样投递简历，并需要经过面试筛选，管理者从大量申请者中筛选出少数高质量成员。申请制能确保新成员具备一定的专业能力和兴趣水平，从而提高社群的整体价值。

（5）考察制。这种方式需要有老成员的内推以及自荐信。如果初期审核通过，会安排一个短期的预备营，在营里观察新成员的表现。如果在预备营中表现不合格会进行退费并劝退。这种方式可以在正式加入前充分了解新成员的能力和态度，确保每一位正式成员都能为社群带来正面贡献。

2. 社群资源共享

社群资源共享是指将社群成员之间闲置或不常用的资源进行共享，以提高资源利用率并从中获得回报。这种方式不仅能够增加社群的凝聚力和活跃度，还能够使成员获得实际的利益，从而增强他们对社群的依赖感，提高他们的参与度。

（1）社群成员与社群之间的资源共享。在社群运营过程中，成员与社群之间的资源共享是提升社群价值的一个重要方面。成员为社群付出，可以通过提供专业知识、经验分享或其他有价值的信息，帮助社群发展壮大。社群则通过组织活动、提供平台和资源，使成员从中受益。

（2）社群成员之间的资源共享。社群成员之间的资源共享是社群内部活力和合作精神的体现。每个成员都拥有自己独特的资源，这些资源在某个特定时间可能是闲置的，但对于其他成员来说可能非常有用。通过社群平台，成员之间可以将这些闲散资源进行互换和共享，共同获利。例如，在一个创业社群中，一位成员可能拥有丰富的市场营销经验，另一位成员则可能有技术开发能力，他们可以通过社群平台合作，共同推动项目的进展。此外，成员之间还可以共享办公设备、场地资源、客户资源等，提高资源的利用效率。

（3）明确资源共享的机制和规则。为了确保资源共享的顺利进行，社群需要建立明确的机制和规则。这些规则可以包括资源共享的范围、共享方式、收益分配等。例如，可以设立一个专门的资源共享平台，方便成员发布和查找共享资源；还可以制定详细的资源共享协议，明确各方的权利和义务，确保共享过程的公平和透明。

（二）增加内容分享

1. 业内专家分享

业内专家具备丰富的专业知识和实践经验，他们的分享能够帮助社群成员深入了解行业动态、技术前沿以及最佳实践。这种高质量的内容能够吸引更多成员参与讨论，激发他们的学习兴趣和热情。专家的权威性和影响力还可以提升社群的公信力，使更多潜在成员愿意加入社群。

业内专家分享时要注意以下几点。

第一，以一个分享者为主，成员可以在允许发言时补充看法。在社群活动中，以一个分享者为主导可以确保分享内容的连贯性和专业性。分享者负责主要的内容讲解，能够清晰、有条理地传达信息。这种方式避免了多个声音同时发出导致的信息混乱，使听众能够更集中注意力于分享内容。然而，成员在允许发言时补充看法也很重要，这种设置能够促进成员的互动，激发成员的思考和讨论。分享者应当预留一定时间让成员发表意见或提出问题，这不仅能够丰富分享内容，还能够增强成员的参与感和归属感。合理的发言规则可以确保讨论秩序和效率，提升整体分享的质量和效果。

第二，主要分享自己研究领域的内容。专家在分享时，应聚焦于自己的研究领域，这是因为他们在该领域内具备深厚的知识和丰富的实践经验。分享自己专业领域的内容，能够确保信息的准确性和权威性，同时能够展示专家的独特见解和创新思维。分享时可以通过具体案例、研究数据和理论分析等方式，使内容更加具体和生动，帮助成员理解和记忆。此外，专家还应结合行业最新动态和前沿技术，使分享内容具有前瞻性和实用性，帮助成员紧跟行业发展步伐。通过深入浅出的讲解，既满足了专业性要求，又能够让不同背景的成员都能有所收获。

第三，在发言时，不能随意插话，打乱分享者的节奏。随意插话不仅会打断分享者的思路，还可能导致信息传达得不完整，降低分享的整体质量。为了避免这种情况，社群应制定明确的发言规则，成员在分享者未完成讲解时应保持安静。可以在分享前设立提问环节或讨论时间，集中回答成员的问题或听取他们的意见。在发言结束后，再给予成员充分的时间进行讨论和互动。这样既尊重了分享者的发言权，也确保了信息的完整性和逻辑性，还能够有效管理时间，提高活动的效率。

第四，专家可以提前准备或临场发挥。专家在分享前应做好充分的准备，明确分享的主题和内容，确保信息的准确性和系统性。提前准备可以包括整理相关资料、制作演示文稿、编写发言提纲等，这些都能够帮助专家在分享过程中更加自如和流畅。同时，专家也应具备一定的临场发挥能力，根据现场的互动情况和成员的反馈，灵活调整分享内容和方式。提前准备和临场发挥并不是对立的，而是相辅相成的，将二者结合，能够使分享内容更加丰富和生动，提升成员的体验和满意度。

第五，分享内容质量要高。分享内容的质量直接影响成员的参与度和活跃度。如果分享内容质量不高，信息陈旧或重复，缺乏新意和深度，成员的兴趣和参与度就会明显下降。为了避免这种情况，专家在分享前应进行充分的研究和准备，确保分享内容的新颖性和实用性。专家还可以通过互动和反馈机制，及时了解成员的需求和兴趣点，针对性地调整分享内容和方式。通过高质量的分享，不仅能够提升成员的学习兴趣和积极性，还能够增强社群的凝聚力和吸引力，实现社群的长期稳定发展。

2. 成员话题讨论

社群成员参与话题讨论，可以有效提高社群的活跃度，增强成员参与感。话题的选择非常关键，要能吸引大部分成员参与讨论。在讨论过程中，要保证话题的高效参与，必须管理群内秩序，需要注意如下几点。

（1）提供引导和激励。在话题讨论中，引导者需要在讨论开始时提出引导性问题，帮助成员聚焦讨论主题。例如，可以提出一些开放性问题，鼓励成员从不同角度发表意见。此外，引导者应在讨论过程中及时总结和反馈，肯定成员的积极发言，激励更多成员参与。这种引导可以通过明确的指示和提问，保持讨论的方向性和连贯性。激励机制也不可忽视，如设立"最佳发言奖"或"最具创意观点奖"，通过奖励措施提高成员的参与积极性和讨论热情，从而确保话题讨论的持续和深入。

（2）选择合适的话题。选择合适的话题是成功进行话题讨论的关键。话题应当具有广泛的吸引力和相关性，能够引起大多数成员的兴趣和共鸣。可以通过调研、观察成员的兴趣点或借鉴其他成功的社群话题，选取热门、具有争议性或实用性的话题。例如，当前行业的热点问题、新兴技术的讨论或实践中的常见挑战，都可以作为有效的话题。此外，还可以结合社群的特定背景和成员的专业领域，定期更新和调整话题，使成员感到讨论内容的价值和意义，从而积极参与讨论。

（3）制定明确的讨论规则。为了确保话题讨论的高效性和有序性，需要制定明确的讨论规则，包括发言顺序、时间限制、礼貌用语等。明确的规则能够避免讨论过程中的混乱和无序，使每位成员都有平等的发言机会。例如，可以规定每位成员发言时间不超过 3 分钟，以防止个别人占用过多时间，影响其他成员的参与。此外，还可以设定讨论中的礼貌用语，禁止人身攻击和恶意中伤，确保讨论的友好和建设性。

（4）总结和反馈。在话题讨论结束后进行总结和反馈。总结可以帮助成员回顾讨论的主要内容和结论，强化他们的记忆和理解。管理员或主持人可以整理讨论记录，提炼出关键观点和结论，形成总结报告或讨论纪要，分享给所有成员。同时，可以通过问卷调查或反馈机制，了解成员对讨论的评价和建议，不断改进讨论的方式和内容，提高讨论的质量和效果。例如，向成员发送反馈表，询问他们对讨论的满意度以及他们希望改进的方面。这些反馈可以帮助调整未来的话题和讨论方式，确保讨论的持续改进和成员的高满意度。

（三）加强社群互动

加强社群互动是维持社群活跃度的重要手段。有效的互动不仅能够增强成员的参与感和归属感，还能够促进信息的交流和成员的合作。

1. 定期组织活动

定期组织社群活动是增强互动的重要方式。活动形式可以多样，包括线上讨论、线下聚会等。定期活动能够为成员提供交流和互动的平台，增强成员的参与感，提高成员的活跃度。

（1）线上讨论。可以定期组织线上主题讨论，选择与社群主题相关的热点话题进行深入探讨。为了增加互动，可以设立主持人引导讨论，确保讨论有序进行，并在讨论结束后进行总结，提炼出关键观点和结论。

（2）线下聚会。线下聚会能够加强成员之间的面对面交流，使成员增进彼此的了解和信任。可以定期组织线下聚会，如聚餐、户外活动、参观等，结合社群的主题和成员的兴趣点进行策划。线下聚会不仅能够增强成员的归属感，还能为社群活动带来更多的互动和活力。

2. 建立互动机制

建立有效的互动机制是确保社群持续活跃的关键。通过机制化的管理和激励，可以促进成员之间的互动和合作。

（1）建立互动积分系统。可以建立互动积分系统，记录成员的互动行为和贡献。积分可以用于兑换奖励或享受社群的特殊服务，如优先参加活动、获得专属资源等。积分系统能够激励成员积极参与社群互动，形成良性竞争，提升整体活跃度。

（2）定期反馈和调研。定期进行社群成员的反馈和调研，了解他们的需求和建议。通过问卷调查、意见箱等方式收集成员的反馈，并根据反馈结果调整和优化社群活动和互动机制。这样不仅能提高成员的满意度，还能增强他们的参与感和主人翁意识。

（3）设立主题互动日。设立固定的主题互动日，如"分享日""提问日""创意日"等，鼓励成员在特定的日子积极参与互动和分享。主题互动日可以通过有趣的主题和活动设计，吸引成员的注意力，增加社群的互动频率，提高互动质量。

3. 促进成员间的合作

促进成员之间的合作，是增强社群互动和凝聚力的重要手段。通过合作项目和团队活动，可以让成员在共同目标的驱动下，增强互动和合作意识。

（1）设立合作项目。可以鼓励成员根据自身的专业特长和兴趣爱好，发起和参与合作项目。合作项目可以涵盖多个领域，如科研合作、产品开发、市场推广等。社群可以提供平台和资源支持，帮助成员实现合作目标。通过合作项目，成员之间可以建立更紧密的联系，增加互动和信任。

（2）建立互助平台。鼓励成员在平台上提出问题和需求，并由其他成员提供帮助和解决方案。例如，可以设立问答板块、资源共享区、合作需求发布区等。通过互助平台，成员可以互相帮助、资源共享，形成良好的互动和合作氛围。

（四）分发社群福利

分发社群福利是提高社群活跃度和成员参与感的重要手段。社群福利不仅能够提高成员的积极性，还能提高成员对社群的归属感和满意度。

1. 定期抽奖

社群管理者可以定期组织抽奖活动，抽取参与互动和贡献突出的成员赠送精美礼品。抽奖活动不仅能够增加社群的趣味性，还能激励成员积极参与社群的各种活动和讨论。

2. 赠送纪念品

在社群周年庆、节假日或特殊活动时，可以为成员准备定制的纪念品，如社群徽章、T恤、纪念册等。这些纪念品不仅具有实用价值，还能增强成员对社群的归属感和认同感。

三、社群运营团队的建设

（一）进行人员选拔

人员选拔是构建高效社群运营团队的首要步骤。团队成员的能力和素质直接影响到社群的运营效果和发展潜力。人员选拔可以从以下几个方面进行。

第一，选择具有相关专业背景和经验的人员，如社群管理、市场营销、内容创作等领域的专业人士。他们的专业知识和技能能够为社群的运营提供有力支持。

第二，社群运营需要高度的热情和责任心。选拔那些对社群主题有浓厚兴趣、愿意投入时间和精力、具备高度责任感的人士，这能够确保他们在工作中积极主动，推动社群的发展。

第三，社群运营需要频繁的沟通和协调。选拔具有良好沟通能力的人员，确保他们能够有效与成员互动，处理问题，促进成员之间的交流和合作。

第四，团队合作是社群运营成功的关键。选择那些能够与他人协同工作、乐于分享和合作的人员，能够增强团队的凝聚力和协作能力。

（二）壮大运营团队

通过人员选拔初步构建起社群的运营团队后，主要从以下两个方面采取措施，壮大运营团队。

1.对形势进行正确的判断

随着社群的成长，企业必然需要壮大自己的运营团队。这就要求企业充分掌握行业趋势，以便在合适的时机做出相应的调整和扩展。对行业趋势判断时需要考虑以下几个关键问题。

（1）行业趋势。从企业所属的行业入手，判断行业目前处于成长期、壮年期还是夕阳期。

如果是成长期，需要考虑：迎接风口需要哪些准备？这个风口是不是一定会到来？如果到来，团队该怎么运营？如果长时间不到来，团队该怎么运营？

如果是壮年期，需要注意：存在红利，那红利周期大概会是多久？自己是否可以抓住红利？可以利用的资源有哪些？如果抓住红利比较困难，那团队要做哪些努力才能抓住？

如果是夕阳期，需要注意：寿命大概有多久？能否转型？如果需要转型，该做哪些准备？

当然，除了以上问题外，企业还需要综合其他情况，判断自身的成长阶段，选择合适策略，这是扩大团队的基础。

（2）关注竞争对手的动向。在壮大社群运营团队的过程中，了解和分析竞争对手的动向是至关重要的。这不仅能帮助企业明确自己的市场定位，还能提供有价值的参考和借鉴。具体包括以下几个方面。

第一，确定主要和潜在竞争对手。企业需要确定自己的实际主要竞争对手有多少以及具体有哪些。此外，还要识别潜在竞争对手，包括那些目前尚未对企业构成直接威胁，但未来可能进入市场并对企业造成影响的公司。

第二，分析主要竞争对手的情况。企业需要评估竞争对手的市场地位、业务规模、产品和服务质量等方面的情况。与自身相比，竞争对手处于强势还是弱势？它们的核心竞争力是什么？通过具体分析竞争对手的优势和不足，企业可以识别自身的优势领域和改进空间，为团队的壮大和运营策略的优化提供依据。

第三，掌握竞争对手的优势和劣势。企业需要了解竞争对手在产品研发、市场营销、客户服务等方面的优势，以及它们存在的不足和瓶颈。对于竞争对手的优势，企业可以学习借鉴甚至创新复制，以提升自身竞争力。对于竞争对手的劣势，企业则可以通过优化自身策略，避开同样的错误，获取竞争优势。

第四，预测竞争对手的未来发展方向。企业需要分析竞争对手在业务动态、技术创新、市场扩展等方面的趋势，判断其未来的发展方向。通过对竞争对手未来策略的预判，企业可以调整自身的发展路径，确保在市场竞争中始终处于有利位置。如果发现竞争对手的未来方向与自身一致，则需要评估是否存在合作或竞争的机会；如果发现方向不同，则需要制定相应的差异化发展策略。

2. 学会适当放权

适当放权不仅能够激发团队成员的主动性和创造力，还能提高成员的决策效率和执行力，为团队的壮大提供有力支持。

（1）明确授权对象。在准备授权时，首先要明确给什么人授权。在社群运营过程中，每项任务都有合适的人去完成，而这个人不一定是最资深的。对于那些虽然经验丰富，但对该项任务不擅长或者意愿度不高的人，不要勉强安排任务。相反，把机会留给那些虽然经验不多，但愿意学习且积极主动的成员更为适合。这样不仅能确保任务顺利完成，还能增强团队成员对社群的归属感，培养新人的能力和信心。

（2）明确授权内容。在社群实际运营工作中，那些分散核心成员很大精力的杂事及因人、因事产生的机动权利可以考虑授权出去。核心成员可以列出自己每天需要做的事情，删除那些非自己做不可的事项，剩下的就是可以授权的事项。这种做法不仅能让核心成员专注于更重要的任务，还能让团队其他成员有机会参与到更多的工作中来，增加他们的实践经验，提高他们的工作积极性。

（3）避免重复授权。在授权时，要避免将一件事同时交给多个成员去做，这样会导致团队内部的猜忌和不团结。虽然社群的管理不像企业那样严格，但在授权时要尽量明确，避免因交代不清导致重复授权，从而浪费团队资源。明确和单一的授权可以确保任务的执行效率和团队的和谐。

（4）给予充分信任。如果决定授权，就要充分信任被授权人。缺乏信任的授权会让团队成员缺乏动力，降低工作效率，甚至产生反抗和厌恶情绪。信任是对团队成员最大的激励，能够鼓舞他们的工作热情，提高他们的工作积极性。因此，管理者在授权时要表现出对成员的充分信任，让他们感受到被认可和重视，从而更积极地投入工作中。

（5）权责一起交授。授权时要确保权力和责任同时交授。如果授权只有责任没有权力，团队成员可能不愿意接受任务，因为没有权力的支持，很多工作难以顺利开展，导致效率低下，成员的积极性也会降低。反之，如果授权时只有权力而没有责任，可能会导致成员滥用权力，给社群造成不必要的损失，并增加管理的难度。因此，确保权责一致，让成员在行使权力的同时承担相应的责任，是授权成功的关键。

（三）建立健全团队培训与激励机制

1. 建立系统的培训体系

建立系统的培训体系是提升团队成员专业能力和综合素质的基础。培训体系应涵盖以下几个方面。

第一，为新入职的团队成员提供全面的入职培训，包括公司文化、社群运营基础知识、团队工作流程等，使新成员能够快速融入团队，掌握基本的工作技能。

第二，定期组织专业技能培训，涵盖内容创作、数据分析、活动策划、社群管理等各个方面。通过邀请行业专家讲座、分享内部经验等方式，提升团队成员的专业水平。

第三，为具有管理潜力的成员提供管理培训，帮助他们掌握团队管理、项目管理、沟通协调等技能，为未来的职业发展奠定基础。

2. 设立明确的激励机制

明确的激励机制是调动团队成员积极性和创造力的重要手段。激励机制应公平透明，确保每位成员的付出和成绩都得到认可和回报。激励机制包括以下几个方面。

第一，建立科学的绩效考核体系，根据不同岗位设定具体的绩效指标，如内容创作者的内容产出量和质量、活动策划者的活动参与度和效果、数据分析师的数据报告准确性和及时性等。通过定期评估成员的工作表现，给予反馈和指导。

第二，设立多种奖励措施，如奖金、荣誉称号、晋升机会等，对表现优秀的成员进行奖励，激励他们继续努力。奖励措施应公平透明，确保每位成员都能看到自己的努力得到认可。

第三，除了物质奖励，还可以通过表彰、公开表扬、颁发荣誉证书等方式，给予成员非物质激励，增强他们的成就感和归属感。

3. 鼓励团队成员自我发展

鼓励团队成员自我发展是提升团队整体素质和竞争力的重要途径。管理者应提供必要的支持和资源，帮助成员实现个人职业发展目标。具体措施包括以下几种。

（1）促使每位成员进行职业发展规划，了解他们的职业目标和发展需求，提供针对性的指导和支持，帮助他们实现职业目标。

（2）提供丰富的学习资源，如专业书籍、在线课程、行业报告等，支持成员进行自我学习和提升。鼓励成员参加行业研讨会、交流会等活动，拓宽视野和人脉。

（3）通过内部轮岗的方式，让成员接触不同的工作岗位和职责，提升他们的综合能力和适应能力，增强团队的灵活性和应变能力。

（4）营造开放的创新氛围，鼓励成员提出新的想法和建议，并给予适当的支持和资源，帮助他们将创意转化为实际成果。通过设立创新奖项等方式，激励成员不断创新。

第三节　社群营销的实现

一、社群营销的具体步骤

社群营销的具体步骤如图 5-2 所示。

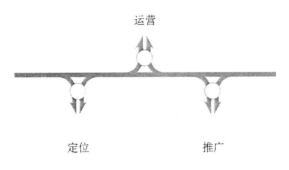

图 5-2　社群营销的具体步骤

（一）定位

1.目标客户定位

并不是每一个客户都能带来利润，甚至有些客户可能会带来麻烦。社群营销的前提在于选择有购买力、有消费需求的客户。通过仔细分析现有客户，可以发现哪些客户是有价值的，哪些客户是需要舍弃的。制定合适的客户标准，识别和吸引那些真正符合企业目标的客户群体，是确保社群营销成功的第一步。

2. 主打产品定位

主打产品定位是指确定社群中主要推广的产品或服务。明确主打产品有助于集中资源，突出核心竞争力，提高营销效果。主打产品定位可以通过以下步骤进行。

（1）分析企业现有产品或服务的特点、优势和市场表现，确定哪些产品最适合通过社群推广。

（2）将产品特点与目标客户的需求进行匹配，确定最符合客户需求的产品作为主打产品。

（3）明确主打产品在市场中的独特卖点和竞争优势，突出与竞争对手的区别。

（二）运营

1. 学会先付出

社群运营的核心在于学会先付出，建立信任和情感联系。顾客的购买行为背后往往有情感支撑，因此找到这个情感支撑点至关重要。企业可以通过免费提供服务来降低顾客的接触成本，提高顾客的信任度和依赖感。例如，通过提供免费的试用、咨询服务或有价值的内容，企业可以与顾客建立紧密的联系，使企业与顾客间不再是一种生硬的销售行为，而是更自然和人性化的互动。

2. 互动

有效的互动是社群运营的关键。传统销售模式单一，缺乏贴心的服务，导致顾客与企业之间的距离感。然而，在数字经济时代，社交工具使企业可以直接面对终端客户。通过这些工具，企业可以及时听取顾客的意见和反馈，增强互动，让顾客感受到企业的关心和亲近。频繁而真诚的互动不仅能提升顾客满意度，还能建立长期的客户关系。

（三）推广

推广是将社群信息传递给更多潜在用户以扩大社群影响力和用户规模的关键。进行推广时要选择适合的推广渠道。

1. 社交媒体推广

选择适合的社交媒体平台，根据平台特点和用户群体，制定相应的推广策略。通过内容营销策略，如文章分享、视频传播、互动话题等，吸引用户关注和参与。利用社交媒体的广告功能，进行精准广告投放，提升社群的曝光度和用户转化率。

2. 合作推广

与行业内的意见领袖合作，通过他们的影响力进行社群推广，提高社群的吸引力和用户的信任度。此外，与其他品牌或社群合作，开展联合活动或互推，可以扩大社群的覆盖面和影响力。通过与行业媒体或门户网站的合作，发布社群相关的信息和报道，也可以提高社群的知名度。

3. 线下推广

线下推广是传统但依然有效的推广方式。在各类线下活动中进行社群宣传，如展会、论坛、沙龙等，吸引现场用户加入社群。利用传统媒体和户外广告，如报纸、杂志、公交广告等，进行社群宣传，可以覆盖更多的潜在用户。通过现有成员的口碑传播，鼓励他们推荐和邀请身边的朋友加入社群，形成裂变式增长。

二、社群营销的基本方法

社群营销的方法多种多样，但其核心都是通过有效的策略和手段，提升社群的活跃度和用户的参与感，进而实现品牌推广和用户转化的目标。以下是几种常见且有效的社群营销的基本方法。

（一）情感营销

情感营销是一种通过触发和满足消费者情感需求，以建立和维持品牌与消费者之间的深层次情感连接的营销方法。不同于传统的以产品功能和价格为核心的营销方式，情感营销更注重消费者的情感体验和心理需求，旨在通过情感共鸣提升品牌忠诚度和客户满意度。

首先，情感营销强调品牌故事的讲述。一个动人的品牌故事可以打动用户的心灵，使他们产生情感共鸣。例如，通过讲述品牌的创立历程、创始人的奋斗故事、品牌背后的价值观和使命，让用户了解品牌的内在精神和情感诉求。这种情感连接能够增强用户对品牌的认同感，使他们不仅是产品的消费者，更是品牌的情感支持者。

其次，情感营销注重用户的参与和互动。通过互动活动，让用户感受到品牌的温度和关怀。例如，定期组织用户参与的线上线下活动，如分享会、交流会、体验日等，让用户有机会与品牌进行深度互动，增强他们的参与感和归属感。在社群平台上，通过定期发布互动性强的内容，如用户故事、情感话题、感恩活动等，鼓励用户分享自己的故事和感受，促进用户之间的情感交流和互动。

最后，情感营销还包括对用户的个性化关怀。通过数据分析，了解用户的兴趣、偏好和需求，提供个性化的服务和内容。例如，在用户生日或其他重要时刻，发送个性化的祝福和礼物，让用户感受到品牌的关怀和重视。通过个性化的推荐和定制化的服务，满足用户的独特需求，提升用户的满意度和忠诚度。情感营销的核心在于真诚和持续。企业需要真诚地关心用户的需求和感受，持续地与用户保持情感互动。通过长期的情感培养，企业可以与用户建立深厚的情感连接，形成强大的品牌忠诚度和用户黏性。

（二）奖励营销

奖励营销是在用户接收营销信息的同时提供相应的奖励，以激励用户参与和互动的营销策略。具体形式包括购物奖励、推荐奖励以及将营销信息附加在赠品上。

1. 购物奖励

购物奖励是指用户在购买产品的同时,有机会获得一些额外的奖励。这种奖励方式可以是即时的,也可以是累积的。即时奖励包括购物返现、折扣券、积分等,用户在购买后立即获得。这种奖励形式能够直接刺激用户的购买欲望,增加消费的即时性和冲动性。累积奖励则是用户通过积累购物积分或购买次数,达到一定标准后可以兑换奖品或享受优惠。这种方式能够有效地提升用户的购买频率和忠诚度,增加用户的黏性。

2. 推荐奖励

推荐奖励通常是指用户在推荐其他人参与活动或购买产品时,自身可以获得一定量的提成或奖励。通过用户的口碑传播和社交网络的扩散,企业能够低成本地扩大影响力和客户群体。例如,某社群推出推荐好友购物返现活动,用户通过分享推荐链接邀请好友注册并购物,推荐人可以获得一定比例的返现或购物券。推荐奖励不仅能有效激励用户主动推广,还能借助用户的社交关系网络,实现广泛的品牌传播和客户获取。

推荐奖励的成功实施需要设计合理的奖励机制和明确的规则,确保奖励的公平性和透明度。企业还需要监控推荐活动的效果,防止虚假推荐和作弊行为,以维护奖励体系的诚信和公正。

3. 将营销信息附加在赠品上

将营销信息附加在赠品上是通过附加赠品来传递营销信息的一种方式。这种方式能够提升用户对营销信息的接受度和好感度,同时增加品牌的曝光和传播。赠品可以是实物、电子产品、试用装或虚拟商品,附加的营销信息包括品牌广告、产品介绍、优惠券等。例如,化妆品品牌在销售产品时,常常附送试用装或品牌宣传册,这些赠品不仅让用户感受到额外的价值,还能在使用过程中加深对品牌的印象和认知。通过赠品的形式,企业可以巧妙地将营销信息传递给用户,增加品牌的记忆点,提高用户对企业的好感度。

赠品的选择和设计需要考虑用户的需求和兴趣，确保其具有实用性和吸引力。企业还应注重赠品的质量和包装，避免因赠品质量问题影响品牌形象。同时，附加的营销信息应简洁明了，突出品牌的核心价值和优惠信息，提高用户的购买意愿和忠诚度。

（三）内容营销

内容营销主要在于打造内容性的产品，让产品成为社交的具体诱因。一般来说，内容营销从产品端开始就要下足功夫，最大限度地为产品注入"内容基因"，打造全新的"内容性产品"，从而形成一种自营销模式，使产品具有独特的风格。

在社群中进行内容营销时要注意以下几点。

第一，与社群成员的具体需求和期望高度相关。内容的相关性决定了其是否能够吸引目标受众并引起共鸣。在进行内容创作时，企业需要深入了解目标受众的兴趣、需求和痛点，以便创作出能够真正满足他们需求的内容。例如，在一个母婴社群中，相关的内容可能包括育儿知识、母婴产品推荐、亲子活动建议等。如果内容能够切实解决用户在育儿过程中遇到的问题，用户会更愿意花时间去阅读和分享。通过持续提供与用户需求高度相关的内容，企业可以逐步建立品牌的权威性和用户的信任度。

第二，内容应易于阅读和理解。用户在阅读社群的宣传视频、文字或海报时，不希望被复杂的内容和晦涩的语言困扰。好的内容应该有明确的主题，并且内容通俗易懂，能够使读者在短时间内抓住主题和重点。为了确保内容的可读性，创作者应注意以下几点。①使用简洁的语言和结构，避免使用过于复杂的术语和长篇大论。每段内容应传达一个明确的信息或观点。②通过小标题、段落和列表等方式，将内容分解成易于消化的部分，帮助读者快速找到所需信息。③提供具体的实例和操作指导，使读者能够实际应用所学内容。这不仅能增强内容的实用性，还能进一步宣传相应的产品或服务。

第三，具有视觉吸引力。视觉上能够吸引人的内容，能够在第一时间内得到用户的关注。在信息过载的时代，用户的注意力极其有限，视觉吸引力在内容营销中变得尤为重要。好的视觉设计不仅能吸引用户眼球，还能提升内容的整体体验和用户的参与度。为了提升内容的视觉吸引力，创作者可以从以下几个方面入手。①使用高分辨率的图片和专业制作的视频，确保视觉效果清晰、吸引人。图像和视频内容应与主题相关，增强内容的表达力。②通过色彩、字体、排版等设计元素，营造视觉上的美感和舒适感。色彩的搭配应和谐，字体选择应易于阅读，排版应简洁有序。③通过增加互动元素，如动画效果、点击按钮、用户评论区等，提升用户的参与感和互动性。

三、社群营销的实现策略

（一）制订整体规划

社群营销相对来说是一个具有完整性的系统，从前期进行的市场调查、产品选择，到中期的具体方案策划、活动开展，再到后期的跟踪反馈、修正改善，所进行的每一步都需要企业或商家提前进行一个全面、系统的规划。

（二）做到持之以恒

社群营销不同于传统的短期营销活动，它更注重长期的用户关系维护和品牌价值的累积，必须持之以恒。

第一，持续输出优质内容。企业需要定期发布有价值的内容，满足用户的需求和期望。内容不必每次都很复杂或重磅，但需要保持稳定的更新频率和高质量的标准。例如，可以通过每日小贴士、每周专题文章或每月视频分享等形式，持续与用户互动。

第二，建立长效沟通机制。与用户建立长效沟通机制，确保用户的声音能够被听到，并能及时得到反馈。通过社交媒体、电子邮件、在线客服等渠道，企业可以与用户保持密切联系，解决他们的问题，了解他们的需求和反馈。有效的沟通不仅能提升用户满意度，还能提高用户对品牌的信任度和忠诚度。

第三，持续优化。社群营销需要不断优化策略以适应市场和用户需求的变化。通过定期的效果评估和数据分析，企业可以发现问题和改进的机会。持续优化策略包括调整内容主题、更新营销工具、改进用户体验等。不断迭代和改进，使社群营销策略更加高效和精准。

（三）明确社群营销推广的目的

在正式开展社群营销之前，必须先建立一个非常明确的目标，确定开展这次活动的具体目的是仅仅做宣传推广，使知名度得到一定提高，还是要使销售额得到直接的提升，或者是两者兼顾。这些都是要提前进行设想和明确规划的。只有对最终的目的进行明确，才能合理制订具有针对性的活动计划，让活动的计划执行顺利，让活动的执行过程变得有的放矢，使社群营销的效果最大化。

（四）明确产品及企业的特性

通常而言，有些产品在做社群营销时能够立即取得立竿见影的效果，销量飞速提升，而有些产品却看的人多买的人少，销量停滞不前。之所以会造成这种差别，可能不是营销活动的优劣或者组织人员的能力水平，归根结底是产品的特性所决定的。所以，根据产品自身具有的特性，企业和商家在进行社群营销时，需要做出全面的判断，不能仅从现场销量来判断活动的有效性，还要结合产品的特性。销量高，并不代表活动方案完美无缺；销量低，也不代表活动完全没有效果。

（五）要有跨界思维

在互联网时代，跨界已经不再是一个崭新的名词，企业在开展具体的社群营销时，也要有确切的跨界思维。那些认为只要建立一个类型的社群，然后笼络住这部分用户，就可以获得社群营销成果的想法过于简单。对于企业而言，只依赖一个大社群，很难获得长期的营销成果，因为在这个多元化的互联网世界中，社群也应该是多元化的。虽然互联网社群是以价值观聚合而成的，但是社群与社群之间并非封闭性的，而是相互融合的状态。因此，如果一个企业不进行跨界合作，不懂得社群之间的相互通融，仅仅靠单打独斗是很难长久生存下去的。企业不仅要注重社群之间的相互融合，还要注重不同社群之间的合作。

第六章　数字经济时代企业市场营销模式之移动营销

第一节　移动营销概述

一、移动营销的内涵

（一）移动营销的概念

移动营销是指企业利用移动设备（如智能手机、平板电脑等）和移动互联网技术，通过各种渠道和形式向目标受众传递营销信息、推广产品和服务的一种营销方式。随着移动设备的普及和移动互联网的迅猛发展，移动营销已成为现代企业营销策略的重要组成部分。

（二）移动营销的4I模式

移动营销在表现形式、运营思路上个性鲜明，与传统的互联网营销相比有很多不同之处。因此，移动营销既不能用传统的营销思维来做，也不能用互联网营销的思维来做。

移动营销有自己的模式，这个模式可用"4I"来概括，即个性化（Individual）、分众识别（Identification）、即时信息（Instant Message）和互动沟通（Interactive Communication），如图6-1所示。

图 6-1　移动营销的 4I 模式

1. 个性化

在当今的数字时代，手机已成为人们生活中不可或缺的一部分，其私人化、功能复合化和时尚化使得个性化需求变得尤为强烈。企业利用手机进行移动营销，可以根据用户的个人信息、兴趣和行为数据，提供高度定制化的内容和服务。例如，电商平台可以根据用户的浏览和购买历史，推荐个性化的产品；社交媒体可以根据用户的互动行为，推送定制化的内容和广告。个性化的移动营销不仅提升了用户的体验和满意度，还能有效提高转化率和客户忠诚度，使企业在激烈的市场竞争中脱颖而出。

2. 分众识别

分众识别是指企业通过移动营销技术，能够精准识别和定位目标用户。每一部手机都与其使用者有一一对应的关系，这使移动营销可以实现一对一的精准沟通。企业可以通过用户的地理位置、消费习惯、社交行为等数据，确认目标消费者是谁、在哪里，并根据这些信息制定有针对性的营销策略。

3. 即时信息

通过移动设备，企业可以实时向用户传递营销信息，并获得动态反馈和互动跟踪。这种即时性使企业能够快速响应市场变化和用户需求。

例如，电商平台可以在特定的促销活动开始时，通过推送通知及时告知用户，吸引他们参与购物；金融机构可以根据用户的消费行为，实时推荐理财产品。即时信息的传递不仅能提高用户的参与度，还能增强用户对品牌的认知和信任，促进即时购买和消费行为。

4. 互动沟通

通过移动设备，企业可以与用户进行一对一的双向互动，建立互动、互求、互需的关系。例如，通过社交媒体平台，企业可以与用户直接对话，收集用户反馈，了解用户需求，并及时调整营销策略。互动沟通不仅能增强用户的参与感和忠诚度，还能帮助企业识别不同用户群体的需求，提供更有针对性的服务和产品。通过有效的互动，企业可以建立深层次的关系营销，提高客户满意度和品牌忠诚度。

二、移动营销的特点

（一）让企业稳定快速成长

相较于传统的高成本的营销推广手段，移动营销手段使企业通过低成本实现稳定快速成长成为可能。移动平台能够通过多样化的内容满足用户的个性化需求，并找到目标群体，建立忠实客户群。移动营销通过低成本的推广方式，实现了客户的链式反应增殖，让企业在竞争激烈的市场中实现稳定快速的增长。

（二）宣传成本低

相较于传统的电视、报纸等宣传手段，移动营销的特点之一是宣传成本低。企业通过开发一个应用程序即可进行广泛的推广，且费用相对低廉。应用程序可以通过应用商店和社交媒体进行推广，费用远低于电视广告的制作和投放成本。

（三）让持续关注成为可能

手机的普及使移动营销的持续性成为可能。一旦用户关注了企业的官方账号，就会持续不断地接收到企业的动态信息。企业通过定期发布有趣的内容、产品更新和促销信息，能够保持用户的关注和参与。这种持续关注的模式不仅增强了用户对品牌的黏性，还促进了其品牌忠诚度的提升，为企业带来长久的市场竞争力。

（四）加速信息的精准传递

网络时代的信息爆炸化、碎片化和加速传递的特点，使消费者与企业的沟通更加充分和便利。企业能够通过智慧数据的分析，精准地挖掘出移动端消费者的需求和情感状态。消费者则能够通过移动媒体渠道，随时随地了解到企业的最新动态和形象塑造。这种快速的信息传递机制，不仅提高了企业与消费者的互动效率，还增强了消费者对品牌的认可和信任。

第二节　基于 App 的市场营销策略

一、App 营销概述

（一）App 营销的概念

App 即 Application 的缩写，是一种安装在智能手机、平板电脑等移动设备上的应用程序。它们可以提供各种功能，包括通信、娱乐、购物、金融服务等。与传统的桌面软件不同，App 专为移动设备设计，利用其便携性和功能性，为用户提供随时随地的服务。

App 营销是移动营销的核心，是一种以应用程序为载体的新兴营销模式。随着互联网的开放化以及手机应用软件市场的逐渐成熟，这种营销模式越来越被消费者接受与认可。通过手机、社区等平台上运行的App 来开展一系列的营销活动，具有成本低、精准营销、互动性强等特点。

（二）App 营销的评估标准

1. 用途

用途是指 App 在营销中的具体应用场景和功能，如品牌宣传、产品销售、客户服务等。评估 App 用途的有效性，可以帮助企业了解其在市场推广和客户关系管理中的作用。App 应该能够满足用户的实际需求，提供便捷的功能和服务，从而提升用户的满意度和忠诚度。

2. 保留率

保留率指的是用户在安装 App 后仍然继续使用的比例。高保留率表明用户对 App 的依赖性和满意度较高。保留率是衡量 App 长期价值的重要指标，直接影响用户的生命周期价值和企业的持续收益。企业可以通过分析用户登录频率、使用时长和用户行为，了解保留率的变化趋势，并通过改进功能、提升用户体验和推送个性化内容来提高保留率。

3. 活跃用户

活跃用户是指在一定时间内频繁使用 App 的用户数量，包括日活跃用户和月活跃用户。活跃用户数量是评估 App 受欢迎程度和用户黏性的重要指标。企业可以通过监测用户活跃度，了解用户对 App 功能和内容的兴趣点，从而进行有针对性的优化和改进。

4. 使用时间

使用时间是指用户在 App 上的平均停留时长。较长的使用时间通常意味着用户对 App 的内容和功能感兴趣，并且体验良好。使用时间是衡量 App 吸引力和用户黏性的重要指标。企业可以通过分析使用时间的数据，了解用户在 App 上花费的时间和使用习惯，从而优化内容布局和交互设计，提升用户的使用体验。

5. 用户体验

用户体验是指用户在使用 App 过程中所感受到的整体满意度。良好的用户体验可以提高用户的使用频率和满意度，减少流失。企业可以通过用户调研、体验评估和行为分析，了解用户对 App 的反馈和需求，持续优化 App 的功能和界面设计，提升用户体验。

二、App 营销的基本模式

App 营销的基本模式有四种，如图 6-2 所示。

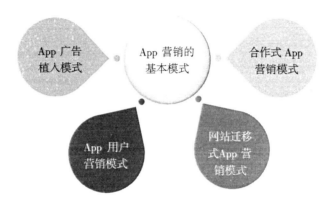

图 6-2　App 营销的基本模式

（一）App 广告植入模式

App 广告植入模式是指在 App 内嵌入广告内容，以达到推广品牌、产品或服务的目的。这种广告形式可以根据用户的使用习惯和行为数据进行精准投放，提高广告的相关性，增强广告效果。与传统广告相比，App 广告植入模式具有互动性强、用户覆盖广和数据可追踪等优点，已成为移动营销的重要手段之一。该模式有以下两种类型。

1. 硬性植入广告营销模式

硬性植入广告营销模式是指在 App 中以明显、直接的方式展示广告内容。这类广告通常出现在 App 的启动页、弹出窗口、横幅广告等位置，用户在使用 App 时会直接看到这些广告。硬性植入广告的特点是视觉冲击力强、曝光率高，能够快速吸引用户的注意力。然而，这种模式也存在一定的挑战，如容易引起用户反感，影响用户体验。因此，企业在采用硬性植入广告时，需要平衡广告展示频率和用户体验，避免过度干扰用户。

2. 软性植入广告营销模式

软性植入广告营销模式是指在 App 中以隐性、融入性的方式展示广告内容。这类广告通常通过内容整合、场景设置、互动体验等手段，将广告信息自然地融入 App 的功能或内容，使用户在使用 App 的过程中不知不觉地接触到广告。例如，在游戏 App 中，品牌可以通过游戏道具、任务奖励等方式进行广告植入；在社交 App 中，品牌可以通过内容推荐、品牌话题等方式进行宣传。软性植入广告的特点是广告形式灵活、用户接受度高，能够在提升品牌认知度的同时保持良好的用户体验。

（二）App 用户营销模式

App 用户营销模式通过用户的使用或参与，使 App 成为企业营销产品的重要渠道。

1. 用户获取

用户获取是 App 用户营销的第一步，通过各种渠道和手段吸引新用户下载和使用 App。常见的用户获取策略包括在线广告投放、社交媒体推广、合作营销、内容营销和应用商店优化等。企业可以根据目标用户群体的特点，选择合适的渠道和方式，最大化用户获取的效果。同时，企业还需要关注用户获取成本，确保在合理的预算内实现用户增长。

2. 用户留存

用户留存是指通过提升用户体验和提供持续的价值，保持用户的活跃度和使用频率。用户留存策略包括产品优化、用户引导、定期更新、推送通知和用户关怀等。企业需要通过数据分析和用户反馈，了解用户的需求和痛点，持续优化 App 的功能和内容，提供个性化的服务和推荐，增强用户黏性。高留存率不仅有助于提升用户生命周期价值，还能提高用户的忠诚度，促进口碑传播。

3. 用户转化

用户转化是指将潜在用户或普通用户转化为付费用户或高价值用户，实现商业目标。转化策略包括免费试用、折扣优惠、会员制度、增值服务和互动活动等。企业需要通过精准的用户定位和个性化的营销手段，激发用户的购买欲望和付费意愿。同时，通过用户行为分析和 A/B 测试，优化转化路径和用户体验，提高转化率。

（三）网站迁移式 App 营销模式

网站迁移式 App 营销模式是指将传统网站的功能和内容迁移到移动端 App 中，以充分利用移动设备的便携性和广泛使用率，从而实现更好的用户体验和营销效果。这种模式能够帮助企业扩大用户覆盖面，增强用户互动，并通过移动端的特性提供更为个性化和即时的服务。网站迁移式 App 营销模式主要包括两种类型：传统网站移植到移动端和传统网站链接到其他 App。

1. 传统网站移植到移动端

传统网站移植到移动端是指将现有的网站内容和功能进行优化和调整，使其适应移动设备的屏幕尺寸和操作习惯，并开发成独立的移动 App。这个过程通常包括界面设计优化、功能模块重新布局和性能优化等。企业通过将传统网站移植到移动端，可以提供更加便捷、流畅的用户体验，满足用户随时随地访问信息和获得服务的需求。

2. 传统网站链接到其他 App

传统网站链接到其他 App 是指在现有网站上添加指向其他相关 App 的链接，通过互联互通的方式实现用户引流和资源整合。例如，企业可以在官网上放置其官方 App 的下载链接，引导用户下载和使用移动 App；或者在电商网站上链接合作伙伴的物流 App，提供一站式的购物和配送服务。这种方式可以帮助企业扩大 App 的用户基础，提高用户的使用频率和活跃度。通过链接到其他 App，企业还可以实现跨平台的资源共享和用户数据整合，提升整体的服务水平和营销效果。

（四）合作式 App 营销模式

合作式 App 营销模式是指企业产品、品牌和服务跨媒体、跨界，或在 App 内部供求合作的营销模式。它包括以下几种形式。

1. 终端跨媒体合作

App 营销可以实现在移动端和电脑端上的跨媒体合作与整合。用户可以在电脑端浏览详细信息，然后在移动端进行操作或购买，形成无缝衔接的用户体验。这种方式不仅提高了用户参与度，还增加了营销活动的覆盖面和影响力。

2. 品牌与 App 跨界合作

运营商或企业可以把企业品牌、产品和服务与热门 App 进行跨界联合，实现品牌、产品和服务的合作推广。

3. App 内供求合作活动

因为 App 的用户群体数量庞大且专业层次多种多样，所以可以在 App 内开展供求或多品牌合作营销活动，达到创造需求、满足需求的效果。

三、App 中植入广告的方法

（一）App 中植入广告内容

App 应用中植入广告内容是一种将企业产品、品牌、商标等广告信息直接嵌入应用程序场景中的广告方式。这种方法常见于电影、游戏等娱乐类 App 中。广告内容通常以一种不干扰用户体验的方式融入 App 的各个部分，使用户在使用 App 时自然接触到广告信息。通过这种方式，广告不仅能提升品牌曝光率，还能增强用户对品牌的潜在记忆。由于广告内容与 App 功能和场景的紧密结合，用户在娱乐和使用 App 的过程中会不自觉地接触到广告信息，从而达到广告宣传的效果。植入广告内容的方式不仅有效，而且能在不打扰用户的情况下提升广告效果。

（二）App 中植入广告道具

App 中植入广告道具是指将企业产品、品牌等广告元素嵌入应用程序的道具或工具中。这种广告方式使广告内容成为 App 的一部分，用户在使用或互动时自然会接触到这些广告道具。通过这种方式植入广告不仅能提升品牌知名度，还能增强用户对品牌的记忆和认同。广告道具的植入通常以一种不破坏 App 体验的方式进行，使用户在享受 App 乐趣的同时，也对广告品牌产生潜移默化的认知。广告道具的植入是一种有效的广告方式，因为它能在用户高参与度的情况下实现广告效果。

（三）App 背景中植入广告或奖励广告

App 背景中植入广告或奖励广告是一种将企业产品、品牌、商标，以及奖励性活动等广告信息嵌入应用程序背景中的广告方式。这种广告方式通过在 App 的背景中展示广告信息，使用户在使用 App 时始终处于广告的包围之中。奖励广告则通过提供奖励的方式，激励用户使用特定的广告背景或参与广告活动，从而提升用户对广告品牌的记忆和认同。背景广告和奖励广告相结合，可以在提升品牌曝光率的同时，提高用户的参与度和互动性。这种广告方式不仅有效，而且能通过奖励机制增强用户的黏性和忠诚度，达到更好的广告效果。

（四）App 应用中植入动态广告栏链接

在 App 应用中植入动态广告栏链接是一种将企业广告制作成动态链接形式的广告方式。当用户点击广告栏链接时，会进入企业广告指定的界面或链接详情，从而详细了解广告内容并参与宣传活动。这种广告方式操作简单，覆盖范围广，能在短时间内提升广告的传播效果。动态广告栏链接的形式灵活多样，可以根据不同的广告需求进行调整，既可以在 App 首页展示，也可以在特定的功能页面中嵌入。通过这种方式，企业能够迅速吸引用户的注意力，引导用户进一步了解和参与品牌活动，从而实现广告的推广目的。动态广告栏链接的优点在于其高效的传播效果和较低的用户干扰度，使其成为 App 广告植入的一种重要方式。

四、App 营销效果的提升策略

（一）App 营销功能弹性组合策略

App 营销功能弹性组合策略是指企业在运营 App 过程中，根据用户需求、层次以及对产品功能的不同要求，对 App 的某些功能进行灵活组合，以满足用户的多样化需求。例如，企业可以根据用户的偏好，调整信息呈现的方式，提供文字、图片、音视频等多种媒体形式，使用户能够选择最适合自己的信息接收方式。与此同时，企业还可以根据不同用户群体的需求，灵活配置 App 的功能模块，如增加互动性强的社交功能、提供专业性的内容服务等，进一步提升用户的参与度和使用频率。通过功能的弹性组合，企业不仅能够满足用户的个性化需求，还能不断优化和升级 App 的功能，保持 App 的竞争力和创新性。在实践中，企业需要持续关注用户反馈和市场动态，及时调整功能组合策略，以适应不断变化的市场环境和用户需求。这种灵活、多样的功能组合策略，不仅能够提升 App 的营销效果，还能为企业带来更高的用户忠诚度和品牌价值。

（二）App 营销附加价值创新策略

App 营销附加价值创新策略，就是企业在运营 App 时，不仅要做好 App 产品基本功能的设置，还要提升和创新产品的附加价值的营销策略，主要体现在以下几个方面。

1. 技术创新，提升 App 附加价值

企业应吸收和采用最新的前沿技术，设计、制作和管理 App 系统，从整体上提升 App 的功能性和用户体验。例如，实时更新客户端的 App 功能，可以确保用户始终享受到最新的应用服务；设置用户一键分享功能，可以增强用户的社交互动性，扩大 App 的传播范围；增加用户区域自动定位功能，可以提供更加精准和个性化的服务，提升用户的满意度。

通过不断的技术创新，企业不仅可以提升 App 的附加价值，还能在激烈的市场竞争中保持技术领先地位，吸引更多用户下载和使用 App，从而实现更高的营销目标。

2. 内容过程创新，提升 App 附加价值

内容过程创新是指在 App 的内容和产品设计、制作、表现形式以及产品传播途径、发布时间节点等方面进行创新。通过提升产品内容的亮点和触点，企业可以吸引用户的关注和点击，从而实现购买转化。例如，企业可以在内容创作上加入更多的原创元素，丰富信息的表达方式，通过文字、图片、音视频等多种形式提升内容的多样性和吸引力；在传播途径上，企业可以通过多平台、多渠道的整合传播，提高信息的覆盖面和触达率；在发布时间上，企业可以根据用户的使用习惯，选择最佳的发布时间节点，确保信息的及时性和有效性。通过内容过程创新，企业可以大幅提升 App 的附加价值，提高用户的黏性和忠诚度。

3. 打造、创新 App 的品牌形象，提升影响力

通过建立鲜明、独特的品牌形象，企业可以更好地满足用户的需求，增加用户对 App 产品附加价值的利益感受，提升用户的获得感。企业可以通过品牌的视觉设计、用户体验优化、品牌故事的讲述等方式，打造具有强烈识别度和情感共鸣的品牌形象。同时，企业还应注重品牌的传播和推广，通过广告、社交媒体营销、公关活动等多种方式，扩大品牌的影响力和覆盖面。通过不断创新和优化品牌形象，企业可以提升 App 的市场竞争力和用户认可度，从而实现更高的营销目标和商业价值。

（三）App 营销共鸣策略

App 营销共鸣策略指企业通过创新技术和客户端功能，在技术使用、内容、产品和服务等方面全方位满足用户需求，为用户创造新的产品价值，使用户不仅受益于产品，还在效益、需求、价值、情感和精神方面与企业或产品产生共情和共鸣。例如，通过创新的内容设计和用户互动功能，企业可以让用户在使用 App 的过程中感受到品牌的关怀和价值认

同，从而形成情感共鸣。此外，企业可以借助社会热点和用户关心的议题，开展具有共鸣效应的营销活动，增强用户的参与感和认同感。通过这种方式，企业不仅能提升用户对 App 的依赖度和满意度，还能在市场竞争中建立独特的品牌形象和用户口碑，从而实现长期的品牌价值和市场效益。

（四）App 营销差异化策略

App 营销差异化策略是指企业在 App 营销的战略制定、市场定位、产品和服务内容运作、用户数据分析、广告运营商合作等方面，跳出普通 App 营销的套路，实行差异化经营策略。企业可以通过独特的内容、精准的市场定位和创新的服务模式，形成与竞争对手的明显区别，从而吸引特定用户群体。例如，在内容运营方面，企业可以聚焦某一特定领域或主题，提供高质量、专业化的内容服务，建立差异化的品牌形象；在市场定位方面，企业可以通过细分市场，深入了解目标用户的需求和偏好，提供定制化的服务和产品；在用户数据分析方面，企业可以利用大数据和人工智能技术，精确分析用户行为和需求，提供个性化的推荐和服务；在广告合作方面，企业可以选择与品牌调性一致的广告主进行合作，提升广告的相关性和用户接受度。通过这些差异化策略，企业可以在激烈的市场竞争中脱颖而出，吸引并留住核心用户，实现长期的商业价值和品牌发展。

第三节　基于手机二维码的市场营销策略

一、手机二维码概述

（一）手机二维码的概念

二维码又称二维条码，通过黑白矩形图案的排列来表示信息。与传统的一维条码相比，二维码能够存储更多的信息，并且具有更快的扫描速度和更高的容错能力。二维码可以被智能手机的摄像头扫描读取，从而快速传递其中包含的信息。

（二）手机二维码的载体

手机二维码是将需要访问、使用的信息编辑成二维码，通过手机"扫一扫"功能，利用手机摄像头识读二维码，完成二维码到手机应用的转换。

手机二维码可以印刷在多种多样的载体上，如户外媒介、杂志、报纸、图书、广告、包装以及个人名片等。用户通过手机"扫一扫"功能扫描或识别二维码，或输入二维码下面的号码、关键字，就能够快速打开网页，了解企业产品信息等，或下载图文、音乐、视频，或获取优惠券、参与抽奖等活动。例如，超市、便利店、专业商店和个体经营者会把自己的电子收款路径制作成二维码，并设置二维码的应用反应条件，引导想获得优惠的顾客在特定的时间段购物，达到集聚人气的目的。

二、手机二维码营销的概念与特点

（一）手机二维码营销的概念

手机二维码营销是指企业通过在营销材料、产品包装、广告宣传等各种媒介上嵌入二维码，引导用户通过扫描二维码获取相关信息、参与互动活动或完成支付交易等一系列营销活动。这种营销方式充分利用了二维码便捷、快速的信息传递特点，实现了线上线下的无缝连接，提高了用户参与度和品牌互动性。

（二）手机二维码营销的特点

1. 便捷性

手机二维码的便捷性是其最大特点之一。用户只需使用智能手机扫描二维码即可快速获取所需信息或完成操作，而无须输入网址或进行复杂的步骤。这种操作方式简化了用户的互动过程，提高了效率。例如，用户在购物时可以通过扫描商品上的二维码快速查看详细信息、使用优惠券或进行支付，这种便捷的体验大大提升了用户满意度。同时，企业也可以通过二维码提供即时的客户服务和支持，增强用户的信任和忠诚度。便捷性不仅优化了用户体验，还提高了营销活动的参与度和效果。

2. 高效性

二维码能够存储大量信息，包括文本、链接、图片等，用户扫描后能即时获取相关内容。这种高效的信息传递方式使营销活动能够在短时间内覆盖更多的用户，从而提升营销效果。在企业广告宣传中，用户只需扫描二维码即可直接跳转到相关网页或应用，快速了解产品详情或参与活动，减少了信息获取的时间成本。高效性不仅提高了信息传播的速度和广度，还增强了用户的参与意愿，提升了营销活动的整体效率和效果。

3. 互动性

二维码营销具有强烈的互动性，能够通过多种形式增强用户的参与感和体验感。企业可以利用二维码开展各种互动活动，如问卷调查、抽奖、游戏等，吸引用户积极参与。通过这种互动方式，用户不仅能享受到参与活动的乐趣，还能与品牌建立更紧密的联系。互动性强的营销活动更容易引发用户的兴趣和关注，提高用户的品牌黏性和对品牌的忠诚度。

4. 成本低

二维码的生成和应用成本较低，企业只需通过简单的设计和生成工具即可制作出符合需求的二维码，无须投入大量的资金和资源。相比传统的营销方式，如电视广告、户外广告等，二维码营销的投入成本显著降低，却能取得良好的效果。这种低成本的特点使得中小企业也能利用二维码进行高效的市场营销，提升品牌知名度和用户参与度。

5. 可追踪性

通过二维码，企业能够跟踪用户的扫描行为，收集详细的用户数据，进行行为分析。这种可追踪性使企业可以更精准地了解用户需求和行为习惯，从而制定更具针对性的营销策略。企业可以分析用户扫描二维码的频次、时间和地点等信息，了解营销活动的效果和用户偏好，进行实时调整和优化。此外，可追踪性还帮助企业评估不同营销渠道的效果，选择最有效的推广方式，提高整体营销效率。通过数据驱动的决策，企业能够更好地满足用户需求，提升营销效果。

6. 跨平台性

二维码可以在多种平台上使用，实现线上线下的无缝连接，覆盖更广泛的用户群体。无论是在实体广告、产品包装、网站，还是社交媒体上，二维码都能发挥作用，用户只需扫描即可获取相关信息或参与活动。这种跨平台的特点使企业能够在不同场景下进行有效的品牌传播和用户互动，提升品牌曝光率和影响力。此外，二维码还可以将线下用户引导到线上平台，进行深度互动和二次营销，形成全方位的营销闭环。跨平台性为企业提供了更多的营销渠道和机会，增强了营销活动的灵活性，扩大了营销覆盖面。

7. 安全性

现代二维码技术具备较高的安全性，通过加密技术保护信息，防止篡改和伪造。企业可以利用二维码技术实现产品防伪和溯源，确保产品的真实性和安全性，增强用户对品牌的信任感。

三、手机二维码营销的实施策略

（一）以利益引导扫码

以利益引导扫码是一种通过提供直接奖励来激发消费者主动扫码行为的营销方法。利益是最直接的激励因素，能够快速引起消费者的兴趣和行动意愿。

扫码领取红包是一种非常有效的方式。消费者在扫描二维码后，可以直接获得现金红包，这种即时的经济利益使得消费者更容易接受和参与。同时，商家通过这种互动方式，可以迅速与消费者建立联系，提高品牌的亲和力和用户的好感度。此外，红包的形式简单易行，能够覆盖广泛的用户群体，无论是线上购物还是线下实体店，都可以轻松实现。提供优惠券和免费礼品也是吸引消费者扫码的重要手段。优惠券可以用于消费者的下次消费，有助于提升复购率和客户忠诚度。免费礼品则可以通过抽奖或限量赠送等形式提高活动的吸引力和互动性。消费者在获取这些利益的过程中，对品牌的认知和好感度也会逐步提升，从而增强品牌的市场竞争力。

通过二维码进行数字化奖品管理，可以实时收集和分析消费者的扫码数据，反馈他们的领奖情况。这种数字化管理不仅提高了促销费用的使用效率，还能准确评估营销活动的效果。商家可以根据扫码数据进行及时的调整和优化，提高促销活动的精确性和有效性。实时数据反馈还可以帮助商家快速了解消费者的需求和偏好，为后续的营销策略提供有力的支持。

（二）二维码创意设计

一个设计精美、创意独特的二维码能够瞬间抓住用户的眼球，激发他们的好奇心和参与欲望。创意设计不仅要美观，更要考虑用户体验和实用性。

二维码的视觉设计需要与品牌形象相符，保持整体风格的一致性。将品牌的颜色、标志和元素融入二维码的设计中，既能提升品牌的辨识度，又能增强二维码的视觉吸引力。例如，使用品牌的主色调和标志进行装饰，使用户在看到二维码的瞬间就能联想到品牌，从而增加扫码的可能性。

二维码的形状和结构可以进行适当创新，打破传统的方形设计。企业可以根据具体的营销活动或产品特点，设计出独特的二维码形状，如心形、动物形状等。这种差异化的设计能够更好地吸引用户的注意力，并使二维码在众多信息中脱颖而出。

动态二维码也是一种创意设计方式。通过在二维码中加入动画效果，使其更加生动有趣。例如，可以设计一个动态的闪烁效果或逐渐显现的二维码图案，增强用户的互动体验。这种动态效果不仅提高了二维码的吸引力，还能增强用户的好奇心和参与感。

二维码的创意设计需要考虑二维码的实际使用场景。例如，在户外广告中使用的二维码应具备较高的对比度和清晰度，以保证在不同光线条件下都能被顺利扫描。而在包装设计中的二维码，则应考虑到产品的形状和材质，选择合适的大小和位置，确保用户在使用产品时能方便地扫描二维码。

（三）确保二维码的可扫描性

为了确保二维码在各种设备和环境下都能被顺利扫描，设计时需要注意以下几点。

第一，二维码的图案设计不能过于复杂或细小。过于复杂的图案可能会导致二维码难以识别，影响扫描效果。选择简洁明了的设计，可以提高二维码的识别度和扫描效率。

第二，二维码的对比度要适中，确保黑白分明，避免使用相近颜色。高对比度的设计可以在各种光线条件下保持清晰，方便用户扫描。

第三，二维码的大小也需适当，过大或过小都会影响扫描效果。一般来说，二维码的尺寸应在1厘米至3厘米之间，确保用户在不同距离下都能轻松扫描。

第四，二维码的边缘应保持足够的空白区域，避免图案过于靠近边缘导致扫描困难。

第五，定期测试二维码的可扫描性。企业应在二维码正式使用前使用不同型号的手机摄像头和各种扫描应用进行测试，确保二维码在不同设备和应用上都能正常读取。测试过程中应模拟各种使用场景，如光线强弱、角度变化等，以确保二维码在实际应用中无论在何种环境下都能被顺利扫描。

第六，二维码应避免放置在不易扫描的地方，如过于弯曲或凹凸不平的表面。选择平整、显眼的位置放置二维码，方便用户在自然地使用过程中进行扫描。

（四）确保内容的相关性和价值

二维码所链接的内容必须对用户有实际的价值和相关性，这是提高用户扫码意愿的关键。避免使用泛泛的宣传内容或与用户需求无关的信息，否则用户在扫描二维码后会感到失望，降低对品牌的好感度。企业应根据用户的需求和兴趣，精心设计二维码内容，确保内容的及时更新和丰富多样。比如，在促销活动中，二维码可以链接到限时优惠券或独家折扣页面，使用户能够获得实惠的福利。在产品介绍中，二维码可以提供详细的产品使用说明、客户评价或视频演示，促进用户对产品的了解和信任。通过提供有用的信息和实际的福利，企业不仅能提升用户体验和参与度，还能增强品牌吸引力和客户忠诚度。

（五）避免过度频繁使用二维码

尽管二维码营销具有很高的便利性，但过度频繁地使用二维码可能会导致用户的反感和疲劳。企业应合理规划二维码的使用频率，避免在短时间内反复推送相同的二维码内容。频繁的推送会让用户产生信息疲劳，降低他们对二维码的关注度和参与度。为了保持用户对二维码的兴趣和新鲜感，企业应根据不同的营销活动和目标受众，优化营销节奏和内容。例如，在重大促销活动或新品发布时使用二维码进行推广，而在日常营销中则减少二维码的使用。

（六）保护用户隐私和数据安全

在二维码营销中，用户隐私和数据安全至关重要，直接关系到用户的信任和企业的声誉。为了保护用户隐私和数据安全，企业可采取以下措施。

第一，企业应采用严格的加密措施保护二维码中的敏感信息。通过数据加密技术，可以有效防止二维码内容被篡改或泄露。同时，企业应定期更新加密算法，抵御潜在的安全威胁。

第二，企业在收集用户数据时，应遵循相关法律法规，确保用户数据的合法性和合规性。在获取用户数据前，企业应明确告知用户数据的用途、收集方式和保护措施，获得用户的知情同意。通过透明的信息披露，增强用户对企业的信任感。

第三，在数据存储和管理方面，企业应建立严格的权限控制和安全管理机制。对用户数据进行分类管理，确保只有经过授权的人员才能访问敏感数据。定期进行安全审计和漏洞检测，及时发现和修复安全隐患。同时，企业应制定数据泄露应急预案，在发生数据泄露时，能够迅速响应并采取补救措施，最大限度地减少对用户的影响。

第四，企业应定期培训员工，提高其数据安全意识和操作水平。通过安全培训和演练，使员工了解数据保护的重要性和基本措施，避免因人为操作失误而导致的数据泄露。

第七章　数字经济时代企业市场营销的优化策略

第一节　加强市场营销风险管理

在数字经济时代，企业的市场营销活动面临着前所未有的挑战和风险。技术飞速发展、市场环境瞬息万变、消费者行为复杂多变，使营销风险日益增多且难以预测。有效的风险管理已经成为企业市场营销实现持续发展和保持市场竞争力的关键。

一、营销风险概述

（一）营销风险的概念

营销风险是指在企业市场营销活动过程中，由于内外部不确定性因素的影响，使企业无法实现预期营销目标或遭受经济损失的可能性。

（二）营销风险的特点

营销风险具有以下特点，如图 7-1 所示。

图 7-1　营销风险的特点

1. 客观性

营销风险的客观性是指风险的存在不以企业的主观意愿为转移，而是由市场环境、技术进步、消费者行为等客观因素所决定。在数字经济时代，技术的快速发展和市场竞争的加剧，使得营销风险更具客观性。例如，网络攻击、数据泄露等安全风险是企业无法完全控制的客观存在。市场需求的不确定性、政策法规的变动以及全球化带来的市场波动，都是企业在进行市场营销时无法回避的客观风险。企业在制定营销策略时，必须充分认识到这些客观风险的存在，并采取相应的防范和应对措施，以减少可能的损失。

2. 动态性

营销风险的动态性是指风险在市场环境和技术发展的推动下不断变化和演变。数字经济时代的市场环境瞬息万变，新技术、新平台、新商业模式层出不穷，消费者的需求和偏好也在不断变化。企业在营销活动中面临的风险因此具有高度的动态性。例如，社交媒体上的消费者情绪和反馈可以在短时间内迅速改变市场舆论，从而影响企业的品牌形象和市场表现。企业需要具备快速响应和调整的能力，通过持续监测市场动态和消费者行为，及时调整营销策略，以应对不断变化的风险环境。

3. 复杂性

营销风险的复杂性表现在其成因的复杂性、形成过程的复杂性和结果的复杂性。首先，导致营销风险产生的因素多种多样，有的因素企业可以控制，有的因素企业无法控制，只能通过自身的调整去适应。其次，营销风险形成过程比较复杂，从企业战略的制定，到售后的服务的每一环节都可能带来营销风险。最后，当营销风险发生时，所造成的后果也具有复杂性，不同的企业对同样程度的风险承受能力不同，同一企业在不同时期的承受能力也不同，环境不同，风险带来的后果严重性差别很大，这些都造成结果的复杂性。

4. 广泛性

营销风险的广泛性是指其影响范围的广泛。在数字经济时代，企业的营销活动不仅在本地市场展开，还可能涉及全球市场。不同地域和文化的差异、不同国家和地区的法律法规要求，使营销风险的影响范围更为广泛。例如，企业在跨境电商平台上销售产品时，需要遵守不同国家的进口法规和消费者保护法，否则可能面临法律制裁和市场禁入。此外，全球化带来的供应链风险、汇率波动风险等，也对企业的营销活动产生广泛的影响。企业需要具备全球视野，全面评估和管理各类风险，以确保营销活动的成功。

5. 不可预见性

营销风险的不可预见性是指许多风险事件难以提前预测和防范。在数字经济时代，技术和市场环境的快速变化，使一些风险难以预见。例如，社交媒体上的突发事件、网络舆情的迅速发酵，可能在短时间内对企业的品牌和销售产生重大影响。技术漏洞、网络攻击等安全风险也往往在意想不到的情况下发生，给企业造成严重损失。

（三）营销风险的类型

在数字经济时代，企业面临的营销风险种类繁多且复杂。以下是几种主要的营销风险类型。

1. 市场风险

市场风险是企业在市场环境变化中所面临的风险，主要包括市场需求波动、市场竞争加剧、市场进入障碍等因素。市场风险直接影响企业产品的销售和市场份额。例如，市场需求突然减小或市场上出现强有力的竞争对手，都可能对企业的销售业绩产生重大影响。

2. 技术风险

技术风险是指企业在技术开发、应用过程中面临的风险。随着数字技术的快速发展，企业需要不断进行技术创新以保持竞争优势。但技术创新过程中的失败、技术更新带来的成本增加以及技术应用中的问题，都会对企业造成不利影响。

3. 财务风险

财务风险是企业在资金筹措、管理和使用过程中所面临的风险，包括融资困难、现金流紧张、投资失败等。特别是在进行大规模市场推广活动时，企业可能会面临较大的财务压力。如果财务管理不善，可能会导致企业资金链断裂，甚至破产。

4. 法律风险

法律风险是企业在营销活动中因违反法律法规而面临的风险，包括广告不实、侵犯知识产权、违反消费者权益保护法等。在数字经济时代，企业在利用大数据、人工智能等技术进行营销时，需要特别注意数据隐私保护和信息安全等法律问题。

5. 运营风险

运营风险是指企业在日常经营管理中面临的风险，包括供应链中断、生产事故、内部管理不善等。例如，供应链中断可能会导致企业无法及时交付产品，从而影响市场信誉和客户满意度。

6. 声誉风险

声誉风险是指企业因负面事件或不良公众形象而面临的风险。在信息传播速度极快的数字时代，企业的声誉容易受到外部因素的影响。产品质量问题、客户投诉处理不当或负面新闻报道都会对企业的品牌形象和市场地位造成严重影响。

7. 战略风险

战略风险是指企业在制定和执行市场战略的过程中面临的风险。市场定位错误、产品组合不当、市场扩张过快等战略失误都会对企业的长期发展造成不利影响。

8. 数据风险

在数字经济时代，数据成为企业的重要资产，数据风险也随之增加。数据泄露、数据丢失、数据分析错误等问题都会对企业的营销决策和客户关系产生负面影响。

二、营销风险管理的基本流程

（一）营销风险识别

营销风险识别是指系统地发现和确认企业在市场营销活动中可能面临的各类风险。这是风险管理的第一步，旨在通过系统化的方法找出潜在的风险因素，为后续的风险评估和管理打下基础。有效的风险识别能够帮助企业提前预见和准备应对可能的风险事件，减少其对企业经营活动的负面影响。

营销风险识别的方法多种多样，常见的有以下几种。

1. 头脑风暴法

头脑风暴法是一种集体讨论的方法，通常由企业相关部门的人员组成小组，通过自由讨论和交流，集思广益，全面挖掘企业市场营销过程中可能存在的风险。这种方法的优点是可以借助集体智慧，发现平时不易察觉的潜在风险。

头脑风暴法识别营销风险的具体步骤如下。

（1）组建团队。选择不同部门和层级的员工，组建多元化的讨论团队，团队成员应来自不同部门和层级，如市场部、销售部、研发部、财务部等。多样化的背景有助于从多个角度识别风险。团队规模应适中，一般在 5 ～ 10 人，以便于讨论和管理。明确团队中的不同角色，如主持人、记录员等。主持人负责引导讨论，记录员负责记录讨论结果。

（2）设定主题。①明确目标。清晰定义讨论的目标，如识别市场风险、技术风险、财务风险等。②准备资料。提供相关的背景资料和数据，以帮助团队成员理解讨论的背景和范围。③时间安排。合理安排讨论时间，确保有足够的时间进行深入讨论和总结。

（3）自由讨论。鼓励团队成员自由发言，提出各种可能的风险因素。鼓励团队成员发散思维，自由发言，提出尽可能多的风险因素。避免批评和否定他人的观点，以保持讨论的积极性和创造性。采用头脑风暴技巧，如反向思考法（思考可能的失败和问题）、类比法（借鉴其他行业或企业的经验）等，激发更多的风险识别想法。

（4）记录整理。记录员应详细记录每位成员提出的风险因素，确保不遗漏任何重要观点。将记录的风险因素进行分类整理，如市场风险、技术风险、财务风险、法律风险等，形成结构化的风险清单。为每个识别出的风险因素撰写简要描述，明确其来源、可能性和潜在影响。

利用头脑风暴法时需要注意以下几点。①有效引导。主持人需具备良好的引导技巧，确保讨论有序进行，避免跑题和冗长的争论。②时间控制。合理控制讨论时间，避免讨论过于分散或过长，确保在规定时间内完成目标。③后续跟进。讨论结束后，应及时整理和总结讨论结果，并制订后续的风险评估和管理计划，确保识别出的风险得到有效应对。

2. SWOT 分析法

SWOT 分析法是一种通过分析企业的内部优势（strengths）、劣势（weaknesses）、外部机会（opportunities）和威胁（threats）来识别风险的方法。通过全面分析企业的内外部环境，可以系统地识别出企业在市场营销过程中可能面临的各种风险。

3. 历史数据分析法

通过分析企业过去的市场营销活动和风险事件的数据，可以发现一些具有规律性的风险因素。企业的历史数据包含了大量关于市场反应、销售业绩、客户反馈等方面的信息。通过对这些数据的系统分析，企业可以识别出在不同时间段或市场条件下，哪些因素对营销活动产生了重大影响。例如，在特定季节，销售量会显著下降，或某类产品在特定市场中的表现一直不佳。通过这样的分析，企业可以找到导致这些结果的潜在风险因素，如市场需求变化、竞争对手活动、经济环境波动等。历史数据分析法的优势在于其基于真实数据，结果具有较高的可信度。然而，该方法也存在一定局限性，即依赖于数据的完整性和准确性，且难以识别新出现的风险。因此，企业在使用历史数据分析法时，应结合其他风险识别方法。

4. 专家咨询法

邀请行业专家、学者或顾问对企业的市场营销活动进行评估，借助他们的专业知识和经验，识别可能存在的风险。行业专家通常具有丰富的实践经验和深厚的理论知识，能够从专业的角度识别企业在市场营销中可能面临的复杂和隐蔽的风险。专家的见解不仅能够提高风险识别的准确性，还可以为企业提供具体的风险应对策略。企业应选择在相关领域具有良好声誉和丰富经验的专家，并确保专家能够充分了解企业的实际情况和需求。此外，企业还应建立有效的沟通机制，确保专家意见能够及时传达和落实。

5. 情景分析法

情景分析法是通过假设各种可能发生的情景，分析在不同情景下企业可能面临的营销风险。

（二）营销风险度量

营销风险度量是指对已识别的营销风险进行定量或定性的评估，确定其可能发生的概率和潜在影响。通过风险度量，企业可以了解各类风险的严重程度和优先级，从而制定更有针对性的风险管理策略。营销风险度量的方法有两大类。

1. 定量方法

（1）概率分析法。概率分析法通过统计和数学模型计算某一风险事件发生的概率，以量化其不确定性。具体步骤如下：①数据收集，收集历史数据和相关信息，如市场需求变化、技术故障记录等；②概率分布选择，根据数据特征，选择适当的概率分布模型（如正态分布、泊松分布等）；③模型构建，使用概率分布模型构建风险事件发生的概率模型；④计算概率，通过概率模型计算风险事件发生的概率值。该方法通常用于评估市场风险、技术风险等具有随机性的风险。概率分析法量化结果直观，易于理解和比较，但对数据质量要求较高，数据不足或不准确会影响分析结果。

（2）蒙特卡罗模拟法。蒙特卡罗模拟法通过计算机模拟大量随机变量，预测不同风险情景下的可能结果。具体步骤如下：①建立模型，构建包含多个随机变量的风险评估模型；②定义分布，为每个随机变量定义概率分布；③模拟计算，通过计算机进行大量随机抽样和计算，模拟不同情景下的风险结果；④结果分析，汇总模拟结果，分析风险分布和影响。该方法能够处理多重不确定性因素，结果多样化，但是计算量大，对计算机资源依赖较大。

2. 定性方法

定性方法是对营销风险进行非量化的评价。主要的定性方法有以下几种。

（1）专家评估法。专家评估法是通过召集内部专家或外部顾问，利用他们的专业知识和经验，对风险的严重性进行讨论和评估。具体步骤如下：①专家选择，选择具备相关领域知识和经验的专家组成评估小组；②问题定义，明确需要评估的风险类型和范围；③数据收集，收集与评估风险相关的信息和数据；④评估会议，组织专家讨论会，围绕风险严重性评估进行讨论；⑤结果汇总，汇总专家意见，形成风险评估报告。该方法常用于评估市场进入策略、产品组合和长期规划中的风险。

（2）案例分析法。案例分析法是通过分析类似企业的风险案例，借鉴其经验和教训，以识别和评估自身的风险。具体步骤如下：①案例选择，选择与自身企业情况相似的案例进行分析；②数据收集，收集与案例相关的背景信息、风险事件和应对措施等数据；③案例分析，对案例进行详细分析，识别风险来源、发生过程和影响；④经验总结，总结案例中的成功经验和失败教训。该方法具有实践指导意义，能够借鉴他人的经验和教训，避免重复错误。但案例的代表性和适用性有限，可能不完全适用于自身企业。

（三）营销风险管理决策

营销风险管理决策指的是基于营销风险管理的目标和宗旨，依托科学的风险识别和精确度量，合理选择风险管理工具，并据此制定一系列应对营销风险的策略。营销风险管理决策包括以下基本内容。

1. 信息决策过程

这一过程是对营销风险管理流程前两个阶段（风险识别和风险度量）的深化。信息决策阶段要求决策者广泛收集数据和信息，并进行透彻的分析，以确保接下来的决策建立在充分的知识基础之上。

2. 风险处理方案的制订过程

基于第一阶段收集和分析得到的信息，决策者需要制订一系列针对特定风险的处理方案。这些方案可能包括风险避免、风险减轻、风险转移（如通过保险）和风险接受等。每种方案的选用都需考虑其成本效益比，以及企业的整体风险承受能力。此外，方案的制订还应考虑到可能的法律法规限制和市场条件的变化。

3. 方案选择过程

从制订的风险处理方案中选择最佳的单个方案或一组方案的组合。这一选择过程需要基于特定的决策目标和原则进行，如最小化损失期望值、最大化风险调整后的回报等。在实际操作中，可能需要应用决策分析工具和技术，如成本效益分析、决策树分析和敏感性分析等，以帮助决策者评估不同方案在不同情境下的表现和结果。

（四）营销风险管理决策方案的执行

在此阶段，经过精心规划和选择的风险管理方案需要具体执行。执行过程涉及详细的作业指导、资源的分配以及与相关部门的协调等，以确保每一项措施都能够按照预定计划进行。实施过程中的有效沟通是至关重要的，它确保所有团队成员明白自己的职责和角色，以及如何面对可能出现的突发情况。为了确保方案执行的顺利进行，通常需要设立一个专门的项目管理团队。这个团队负责监控项目进度，调配必要的资源，并处理执行过程中出现的问题。此外，定期的进度报告和会议也是必不可少的，它们帮助管理层了解实施情况，评估是否需要调整方案以应对新出现的风险。最终，成功的执行不仅取决于方案本身的合理性，还依赖于执行团队的效率和问题应对能力。

（五）营销风险管理后评价

营销风险管理后评价是整个风险管理流程的最后一步，它的目的是评估整个风险管理活动的效果及其对企业目标的贡献。此阶段要对已实施风险管理措施的有效性、效率，以及影响进行全面分析。这不仅包括对预定目标是否达成的评估，还应当考察这些措施是否带来了额外的商业价值或避免了预期以外的损失。在进行评价时，通常会使用定量和定性的评价方法。定量分析可能包括成本节约、损失减少量、收益增加等具体数字的统计，而定性分析则关注于风险管理措施对企业声誉、客户满意度及员工安全感的影响。完成评价后，应将结果和发现记录下来，并反馈给企业决策层和相关部门，作为未来制定风险管理策略的重要依据。这样，企业不仅能够持续优化其风险管理实践，还能够在整个行业中建立起更为成熟和高效的风险管理体系。

三、营销风险管理的主要策略

(一)营销风险的回避策略

风险回避是企业有意识地决定放弃某项营销活动,从而完全避免损失发生的可能性。风险回避一般在以下情况被采用。

(1)企业对风险具有极端的厌恶感。

(2)存在其他同类且风险较低的可替代方案。

(3)企业无法消除或转移该风险。

(4)企业无法承担该风险,或者承担该风险所带来的潜在损失远大于可能的收益。

风险回避手段主要有以下两种。

第一,拒绝承担风险。拒绝承担风险是指企业在评估了潜在的市场活动后,决定不参与可能带来高风险的营销活动。这通常适用于风险与收益比不成正比的情况,或者当活动可能影响企业声誉或引发合规性问题时。

第二,放弃已承担的风险。放弃已承担的风险是指在营销项目或活动中途撤出,尤其是当这些活动表现出高于预期的风险时。这种手段通常在项目实施过程中发现新的风险信息,或市场条件发生变化导致原有风险评估不再准确时使用。例如,如果一个广告活动因为意外引发公众负面反响,企业可能会立即停止该广告,以减小进一步的品牌损害。

(二)营销风险的防范策略

营销风险防范旨在通过预先的策略和措施,减轻或消除企业在市场营销活动中可能遭遇的风险。有效的风险防范不仅能保护企业免受潜在的损失,还可以增强企业的市场竞争力和品牌信誉。

1. 加强营销风险管理制度建设

制度建设是有效防范各类风险、减少风险损失的重要保障。为此,企业应重点加强有关制度的建设。

（1）人员管理制度。一是明确企业内部各级人员的权责范围和行为权限，有效防止职责冲突和误解，从而减少由内部管理混乱带来的风险。企业需要制定详细的职责说明书，为每一位员工明确其在营销活动中的具体职责和权限，包括市场调研、产品推广、客户服务、数据处理等方面。明确的职责划分有助于员工了解自己的工作边界，防止越权行为，同时方便管理层进行有效监督。二是定期对员工进行风险管理培训，指导他们识别和应对可能的市场和操作风险。

（2）风险控制制度。风险控制制度为企业提供了在面对风险决策和危机处理时的标准化操作流程。企业需要建立一套全面的风险评估机制，能够定期或根据市场变化对潜在风险进行评价和分类。此外，企业应设计一套包括风险预警系统和响应措施在内的风险控制程序，一旦识别出高风险情况能迅速采取行动，减少可能的损失。例如，企业可以制定特定的风险容忍度，一旦市场活动超出预定风险水平，即启动事先设定的风险缓解措施。

（3）监督制度。有效的监督制度是确保营销风险管理制度得到遵守的保障。通过建立一套严格的监督和监管机制，企业可以确保风险管理措施得到有效实施，并对风险控制过程进行持续的改进和完善。监督制度应包括定期的内部审计、性能评估以及透明的报告体系。内部审计团队应定期检查营销活动的合规性和风险管理措施的执行情况，及时发现问题并提出改进建议。此外，企业也应鼓励员工通过建立匿名反馈机制来报告任何非标准操作或潜在的不规范行为。企业还应通过外部第三方评估来提高监督的客观性和公正性。这不仅能够提升企业内部对风险管理的重视程度，也能够通过外部专家的视角识别盲点，进一步加强风险防范体系。

2. 建立营销风险责任制

营销风险责任制是为了实现企业营销目标，规范营销行为，保护营销过程的安全，在企业内部明确各部门及工作人员的有关营销风险职责和权限的制度体系。营销风险责任制具体包括以下内容。

第一，确立营销风险管理中的责任主体。在企业中，营销风险管理中的责任主体通常包括高层管理人员、中层管理人员、营销团队成员及支持部门等。

第二，明确营销风险的责任范围。责任范围的界定需要具体、明确，避免职责重叠或空白。在制定责任范围时，企业应考虑到各种营销活动的风险点，确保每一类风险都有明确的责任主体。

第三，明确营销风险的责任内容。营销风险责任制还需要明确每个责任主体的具体责任内容，包括日常的风险监控、问题处理、风险报告和危机响应等。例如，营销部门需要定期进行市场动态分析，监控潜在的市场风险，并在发现问题时及时向管理层报告。此外，每个部门都有责任参与风险评估和风险控制措施的制定过程。

在制定营销风险责任制时，企业应遵循以下基本原则。

（1）适当的责权分离。确保责任与权限的分离，防止任何个人或部门具有过多的控制权，减少滥用职权和内部欺诈的可能性。

（2）合理的授权制度。所有的决策和行动都应在授权范围内进行，授权制度应根据风险大小合理设定。

（3）及时、准确的营销信息。确保所有营销信息的及时更新和准确性，为风险决策提供可靠的数据支持。

（4）可靠的资金安全。建立严格的财务控制机制，确保营销资金的安全，防止资金流失。

（5）健全的营销督察。通过内部审计和定期检查确保营销活动的合规性和风险控制措施的有效性。

3. 建立有效的风险预防机制

营销风险防范的重点在企业，企业应该尽可能地将风险控制和消除在萌芽状态。因此，风险管理应采取预防为主的方针，建立有效的预防机制，帮助企业规避市场营销中的风险。首先，企业应建立网络风险与危机预测和应急机制，防患于未然；其次，企业要建立完善的信息处理系统，及时把握行业及市场信息，增强知识产权保护意识；最后，企业要加强企业数据库、网站、信息安全系统严格规范的管理。

（三）营销风险的转移策略

营销风险的转移策略是指将潜在的风险从一个实体转移到另一个实体，通常是为了将损失的潜在影响最小化。常用的营销风险转移手段主要有以下几种。

1. 保险

购买保险是常见的风险转移手段之一，特别是对于那些潜在的高成本风险。通过购买特定的商业保险，企业能够转移由产品缺陷、广告错误、事件取消、数据泄露等造成的潜在财务损失。例如，产品责任保险可以覆盖因产品缺陷导致的伤害或损害赔偿，而广告责任保险则保护企业免受误导性广告声明引起的法律诉讼。保险策略的关键在于选择适合自身业务特点和风险状况的保险类型和覆盖范围，确保在面对不可预见事件时，企业的财务安全得到保障。

2. 合同条款

在合同中明确风险分配是转移营销风险的有效手段。企业在与供应商、分销商或其他商业伙伴签订合同时，可以通过具体的合同条款将特定风险转移给对方。例如，可以在合同中加入赔偿条款，要求对方在其产品或服务导致的任何损害中承担责任。此外，质量保证条款可以确保接收的产品或服务符合预定的标准，减少因质量问题引发的风险。合同还可以规定违约责任，明确违约方需承担的后果，从而增强合同执行的严肃性，减少违约风险。

3. 合作伙伴关系

建立战略合作伙伴关系也是一种有效的风险转移策略。例如，与其他企业共同推广产品或服务可以分散市场接受度的风险。合作营销活动允许企业共享营销成本和风险，同时扩大市场覆盖范围，从而减轻单独行动可能遭受的损失。

4. 外包

将某些营销活动或运营功能外包给专业机构也是一种风险转移策略。外包可以帮助企业利用外部资源来管理不在核心竞争力范围内的活动，从而减少由于自身资源或技能不足而可能导致的风险。例如，将数据处理、网络安全或客户服务外包给具有专业能力的第三方，可以降低操作失误或技术失败的风险。

（四）营销风险的自留策略

营销风险的自留策略是指企业选择自行承担某些风险，而不是通过保险或其他手段转移风险。这通常发生在风险相对较低、保险成本较高或转移措施不划算的情况下。企业采用自留策略，意味着他们认为可以通过内部管理和控制措施有效地处理这些风险。营销风险自留的主要手段有以下几种。

第一，将损失摊入经营成本。将潜在的损失摊入经营成本是一种常见的风险自留策略，特别适用于那些频繁发生但损失相对较小的风险。通过这种方式，企业将营销活动中可能发生的损失作为常规业务开支处理，而不是另行寻求外部风险转移措施，如购买保险。这样做的优点是简化了风险管理流程，减少了保险购买和管理的成本，并且提高了企业对小规模风险的容忍度。实施这种策略时，企业需要有精确的成本控制和预算管理系统，确保所有预期的风险损失都在财务计划之内。此外，这种策略要求企业必须有足够的现金流和财务弹性，以应对这些成本的变动。企业还应定期评估此策略的可持续性，确保摊入成本的风险损失不会影响企业的长期财务健康。

第二，建立意外损失基金。建立意外损失基金是一种更为系统的风险自留手段，涉及预先设立专门的资金池，用以应对突发的、非预期的大规模损失。这种基金通常来源于企业的盈余，旨在为不可预测的营销风险提供即时的财务支持。与购买商业保险相比，意外损失基金给予企业更大的自主管理和使用灵活性。成功管理和使用意外损失基金，需要企业设立严格的基金管理政策，包括基金的累积方式、使用条件、审批流程和资金分配方案。此外，基金的规模应根据企业的业务规模、历史风险数据和行业标准来设定。企业还需要定期对基金的有效性和充足性进行评估，确保基金能在紧急情况下提供足够的支持。

第三，建立专业自保公司。对于大型企业或企业集团而言，建立专业自保公司是一种高级的风险自留策略。自保公司实质上是企业内部的保险公司，专门负责管理集团内部的各种风险。通过自保公司，企业不仅可以自行承担和管理风险，还能通过再保险市场分散部分重大风险，实现风险和资本的最优配置。建立自保公司需要较高的初始资本投入和专业的风险管理团队。此外，自保公司的运营必须符合相关法律法规的要求，并接受相应的监管。自保公司可以为企业提供定制化的保险产品和服务，优化税务安排，提高财务灵活性。然而，这种模式也要求企业具备高水平的风险管理能力和足够的经济规模，以支撑自保公司的持续运营。

第二节　建立营销绩效评价体系

一、营销绩效评价概述

（一）营销绩效评价的含义

营销绩效评价是指通过科学的方法和指标体系，对企业的营销活动及其效果进行系统的收集、分析和评估，以便了解营销活动的实际效果和存在的问题，从而为决策提供依据。

（二）营销绩效评价的作用

营销绩效评价的作用体现在以下几个方面，如图 7-2 所示。

图 7-2 营销绩效评价的作用

1. 提高企业管理水平

营销绩效评价通过系统地收集和分析营销活动的各项数据，为企业管理层提供了准确、翔实的信息。这些信息不仅有助于管理层全面了解营销工作的实际情况，还有助于企业发现存在的问题和潜在的改进机会。通过绩效评价，企业可以制定更加科学的营销战略和战术，提高资源配置的效率，从而提高整体管理水平。

2. 促进资源优化配置

营销绩效评价能够帮助企业识别所开展的营销活动哪些是高效的，哪些是低效的。通过对不同营销活动的效果进行评估，企业可以将资源集中投放到那些能带来最大回报的营销项目上，减少资源浪费。此外，绩效评价还可以指导企业调整营销预算，优化资源配置，使企业在市场竞争中保持优势。

3. 提高员工积极性

营销绩效评价体系的建立，有助于明确员工的工作目标和绩效标准。通过科学、公正的绩效评价，员工能够清晰地了解自己的工作表现和改进方向，从而增强工作动力。同时，绩效评价结果可以作为员工奖励和晋升的重要依据，激励员工不断提高工作效率和工作质量，进而提升整支营销团队的战斗力。

4.提高客户满意度

通过营销绩效评价，企业可以深入了解客户需求和市场变化，及时调整营销策略和产品服务。绩效评价不仅关注销售额和市场份额等硬性指标，还关注客户满意度和忠诚度等软性指标。通过持续改进营销活动，提高客户满意度，企业能够建立和维护良好的客户关系，提高客户的忠诚度和品牌认同感，从而实现可持续发展。

二、营销绩效评价的维度拓展

在现代企业的营销绩效评价中，单一维度的评价已不能全面反映企业的营销效果。因此，拓展营销绩效评价的维度显得尤为重要。通过从客户、竞争者、营销创新和财务绩效等多个维度进行综合评价，企业能够更全面地了解自身的市场表现和竞争力。

（一）客户维度的评价

根据现代市场营销观念，能否满足客户需求以及满足客户需求的程度，是衡量企业营销绩效的主要标志。客户维度的评价不仅可以发挥评价的导向和决策支持作用，还能引导整个企业关注客户需求，为企业制定和调整营销战略与策略提供客观依据。客户维度的评价包括以下几个方面。

1.客户认知的评价

客户认知是指客户对企业及其产品或服务的认知程度，包括品牌知名度、品牌形象、产品认知度等。通过对客户认知的评价，企业可以了解市场对自身品牌和产品的认知情况。这些信息不仅有助于企业优化品牌传播策略，还能提升品牌在市场中的地位。

2.客户行为的评价

客户行为主要包括购买行为、使用行为和推荐行为等方面。通过对客户购买行为的分析，企业可以了解客户的购买频率、购买量和购买渠道等信息，这些数据可以帮助企业优化销售策略和渠道管理。同时，客户的使用行为评价可以揭示产品的使用情况和满意度，帮助企业改进产品性能和服务质量。此外，客户的推荐行为，如口碑传播和推荐意愿等，是评价客户忠诚度的重要指标，企业可以通过这些评价信息加强客户关系管理。

3. 中间商客户的评价

中间商客户是指那些购买产品和服务为了转卖而获取利润的个人或组织采购者。由于中间商是通过买卖差价赚取利润，这就决定了他们往往是大批量采购，依靠多购多销取得更多利润，他们的满意程度和购买行为对于企业的产品和服务的销售来说关系重大。所以，有些企业往往把中间商作为最主要的客户，虽然他们不是产品和服务的最终使用者。特别是对于生产个人消费品的企业来说，中间商在很大程度上决定了企业的销售情况，从而直接影响企业的财务业绩和市场业绩。因此，中间商客户的评价逐渐成为客户评价的一个重要内容。

（二）竞争者维度的评价

在市场竞争日益激烈的环境中，企业不仅需要关注自身的营销绩效，还需要对竞争者的表现进行全面的评价和分析。竞争者维度的评价有助于企业了解市场竞争格局，识别自身的优势和劣势，从而制定更有针对性的营销策略。通过对竞争者市场份额的评价，企业可以了解自身在行业中的相对位置。市场份额的变化趋势可以反映市场竞争的动态，帮助企业判断自身和竞争者的市场表现。企业可以通过市场调研、行业报告等方式获取竞争者的市场份额数据，进行横向比较，找出市场竞争中的差距和机会。

（三）营销创新维度的评价

营销创新维度的评价主要关注企业在市场营销中的创新能力和创新成果。在数字经济时代，市场环境瞬息万变，企业要保持竞争优势，必须不断进行营销创新。营销创新不仅是产品和服务的创新，还包括营销模式、营销手段和营销策略的创新。通过对营销创新的评价，企业可以了解自身在创新方面的表现和市场响应情况。营销创新的评价需要定期进行，以确保企业能够及时掌握市场动态，快速响应市场需求，保持市场竞争力。企业可以通过内部评估和外部市场反馈相结合的方式，对营销创新进行全面评价，从而不断优化和调整创新策略，提升企业的市场表现和品牌影响力。

（四）财务绩效维度的评价

财务绩效维度的评价是衡量企业营销经济效益的重要方面。尽管近年来引入了非财务评价指标，财务绩效维度的评价依然在企业界受到高度重视并广泛应用。这主要是因为财务绩效评价能够直接反映企业营销活动在财务上的实际效果，如是否达到了预期目标。与非财务类指标相比，财务类指标更容易进行定量化描述，指标也更加直观、易于理解，同时，获取财务数据也相对简单。这些特点使得财务绩效维度的评价成为企业进行营销绩效评估的重要工具。

三、营销绩效评价指标体系的构建

（一）营销绩效评价指标体系的构建原则

营销绩效评价指标体系不仅帮助企业量化和监测其营销绩效，还能提供数据支持以优化资源配置和营销策略。通过建立科学的评价指标体系，企业能够及时发现营销过程中的问题和不足，从而进行相应的调整和改进，提升整体营销效果和市场竞争力。营销绩效评价指标体系的构建需要结合企业的具体情况和市场环境，确保其科学性和适用性。在构建过程中，需要遵循以下几个原则。

1. 系统性原则
营销绩效评价指标体系应当是一个全面、系统的评价框架，涵盖企业营销活动的各个方面。系统性原则要求指标体系不仅包括财务绩效指标，还涵盖非财务绩效指标，如客户满意度、品牌影响力、市场占有率等。通过全面的指标体系，企业可以全面了解自身的营销表现，发现潜在问题和改进机会。

2. 相关性原则

评价指标必须与企业的营销目标和战略高度相关，能够真实反映企业营销活动的实际效果。相关性原则要求在选择指标时，必须考虑其与企业战略目标的关联度，确保评价结果具有现实意义。例如，企业如果以提升品牌知名度为主要目标，则品牌认知度、媒体曝光率等指标应成为评价体系的重要组成部分。

3. 科学性原则

所建立的指标体系应能客观、准确地反映实际状况，以利于通过指标体系的核算与综合评价，找出与竞争对手的差距，使该营销绩效评价指标体系成为自我诊断、自我完善的有力工具。

4. 动态性原则

市场环境和企业营销活动是动态变化的，因此，营销绩效评价指标体系也应具备动态性。动态性原则要求企业根据市场变化和战略调整，及时更新和调整评价指标，确保其与时俱进。通过动态的评价体系，企业可以更灵活地应对市场变化，保持竞争优势。

5. 可操作性原则

评价指标的设计应简明、易懂，便于实际操作和应用。可操作性原则强调指标的简洁性和可执行性，避免过于复杂和烦琐的指标设计，确保企业各层级人员都能理解和应用评价体系。通过简洁明了的指标体系，企业可以更有效地实施评价和反馈，提高管理效率。

（二）不同维度的营销绩效评价指标体系

1.客户维度的营销绩效评价指标

（1）客户认知层面。

①知名度。知名度是指客户对企业品牌的认知和认同程度。高知名度意味着更多的客户知道并了解品牌，这通常是通过广告、公共关系活动和口碑传播等多种渠道来实现的。企业可以通过市场调研、品牌认知度调查等方法评估品牌的知名度。

②客户满意度。客户满意度是衡量客户对产品或服务体验的满意程度的重要指标。高满意度通常意味着客户对产品质量、服务态度、售后支持等方面感到满意。提高客户满意度有助于提高客户忠诚度，减少客户流失，并通过口碑效应吸引更多的新客户。

③品牌提及率。品牌提及率是指在一定时间内，品牌在客户中的被提及频次。高品牌提及率表明品牌在客户心目中占据较高的位置，具有较强的市场影响力。提升品牌提及率可以增加品牌曝光度，促进品牌传播和市场渗透。

④客户质量认可度。客户质量认可度是指客户对企业产品或服务质量的认可程度。高质量认可度可以提高品牌的市场竞争力，提高客户满意度和忠诚度。

⑤客户购买意图。客户购买意图是指客户对购买企业产品或服务的意愿和可能性。了解客户购买意图可以帮助企业预测销售趋势，制定有效的营销策略。增强客户购买意图可以直接促进销售增长，提升市场占有率。

⑥客户的产品知识。客户的产品知识是指客户对企业产品功能、使用方法和独特卖点等方面的了解程度。提高客户的产品知识不仅可以减少使用问题和投诉，还能提高客户对品牌的信任度和忠诚度。

（2）客户行为层面。

①客户总量。客户总量是指在一定时间内，企业所拥有的客户数量。

这是企业市场规模和吸引力的直接体现。客户总量的增长通常表明企业在市场上有较强的吸引力和竞争力。

②新客户数。新客户数是指在一定时间段内首次购买企业产品或服务的客户数量。新客户数的增加表明企业的市场拓展和营销策略是有效的。企业可以通过销售记录和市场分析来获取新客户的数据。

③客户忠诚度。客户忠诚度是指客户对企业品牌的忠诚程度，通常通过重复购买率、品牌忠诚度调查和客户推荐指数等指标来衡量。提升客户忠诚度可以增强客户黏性，降低客户流失率，提高长期利润。

④人均消费量。人均消费量是指每个客户在一定时间内的平均消费金额。这个指标可以反映出客户的消费能力和企业产品的市场定位。企业可以通过销售数据和客户分析系统来计算人均消费量。

⑤目标市场拟合度。目标市场拟合度是指企业的产品和服务与目标市场需求的匹配程度。高拟合度意味着企业能够有效满足目标市场的需求，从而提升市场竞争力。企业可以通过市场调研、客户反馈和销售数据来评估目标市场拟合度，并根据结果调整市场策略和产品设计。

⑥客户转换率。客户转换率是指潜在客户转化为实际购买客户的比例。高转换率表明企业的营销活动和销售策略是有效的。企业可以通过分析营销活动效果、销售漏斗数据和客户反馈来计算客户转换率。

⑦客户投诉数量。客户投诉数量是衡量企业产品或服务问题的重要指标。较高的投诉数量可能表明产品质量或服务存在问题，需要企业及时改进。企业可以通过客户服务系统、反馈渠道和投诉记录来统计和分析客户投诉数量。减少客户投诉可以提高客户满意度，增强品牌信任度。

（3）中间商客户层面。

①分销渠道可获性。分销渠道可获性是指企业产品在市场上的可获得程度以及分销渠道的广泛性和有效性。这个指标反映了企业产品的市场覆盖面和渗透率。

②产品的货架占有量。产品的货架占有量是指企业产品在中间商货架上所占的空间比例。较高的货架占有量意味着产品在市场上有更高的可见度和销售机会。通过监测和分析货架占有量，企业可以了解产品在

终端市场的表现，从而与中间商协商优化陈列位置和空间。增加货架占有量有助于提升品牌曝光度和消费者购买意愿。

③准时交货率。准时交货率是衡量企业能否按照合同约定的时间向中间商交付产品的重要指标。准时交货率不仅影响中间商的运营效率，还直接关系到终端市场的产品供应情况。准时交货能力的提升有助于减小库存压力和避免销售损失。

③中间商客户满意度。中间商客户满意度是指中间商对企业产品和服务的满意程度。高满意度通常意味着中间商愿意长期合作，并积极推广企业产品。企业可以通过定期的满意度调查、反馈机制和沟通渠道来了解中间商的需求和意见。提高中间商满意度不仅有助于稳固合作关系，还能促进销售增长和市场拓展。

④中间商顾客投诉数量。中间商顾客投诉数量是衡量企业在合作过程中出现问题的一个重要指标。较高的投诉数量可能表明产品质量、交货服务或其他方面存在问题，需要企业及时改进。减少投诉数量可以提高中间商的信任度和合作满意度，进一步优化合作关系。

2. 竞争者维度的营销绩效评价指标

（1）市场占有率。市场占有率是指企业产品在整个市场中所占的份额，可以通过销售数量或销售金额来衡量。高市场占有率表明企业在市场中的竞争力较强，能够吸引更多的消费者选择其产品。企业可以通过分析市场数据和竞争对手的销售情况来评估自身的市场占有率，并据此制定提升市场份额的策略。

（2）相对价格。相对价格是指企业产品与竞争对手产品的价格比较。通过评估相对价格，企业可以了解自身产品在市场中的价格定位是否具有竞争力。相对价格不仅影响消费者的购买决策，还关系到企业的利润水平。企业可以通过市场调研、价格监测和竞争对手分析等手段，确定合适的价格策略，确保在满足消费者需求的同时实现营利目标。

（3）相对客户满意度。相对客户满意度是指企业产品或服务与竞争对手相比在客户心目中的满意程度。高满意度通常意味着消费者对企业产品或服务的认可度较高，愿意继续购买和推荐。

（4）相对客户忠诚度。相对客户忠诚度是指企业与竞争对手相比在客户忠诚度方面的表现。高客户忠诚度意味着客户对品牌的认同感和忠诚度较强，不容易被竞争对手吸引。

（5）市场声音比例。市场声音比例是指企业在市场上的声音（如广告、媒体报道、消费者讨论等）与竞争对手相比的比例。高市场声音比例表明企业在市场上具有较高的关注度和影响力。企业可以通过媒体监测、社交媒体分析和广告效果评估，了解自身在市场中的声音比例，并制定提升市场声音的策略，如增加广告投入、加强公关活动和优化品牌传播。

（6）市场渗透率。市场渗透率是指企业产品在目标市场中的覆盖程度。高市场渗透率表明企业产品在目标市场中被广泛接受和使用。企业可以通过市场调研、销售数据分析和市场反馈，了解自身在目标市场中的渗透率表现，并制定相应的市场拓展策略，如优化渠道布局、加强市场推广和提升产品可得性，进一步提高市场渗透率。

3. 营销创新维度的绩效评价指标

（1）新产品 / 服务成功率。新产品 / 服务成功率是指新产品或服务在市场上成功推出并被消费者接受的比例。该指标能够反映企业创新能力和市场反应的匹配程度。成功率越高，表明企业在新产品开发和市场推广方面的策略越有效。企业可以通过市场调研、销售数据分析和新产品上市后的市场反馈来评估新产品 / 服务的成功率。

（2）客户对新产品的满意度。客户对新产品的满意度是衡量新产品是否满足客户需求和期望的重要指标。企业可以通过满意度调查、客户反馈和市场调研等方式，了解客户对新产品的评价，并根据反馈进行改进和优化，提升客户满意度。

（3）新产品的数量。新产品的数量是指企业在一定时间内推出的新产品或服务的数量。该指标能够反映企业的创新活力和新产品开发能力。新产品数量的增加通常意味着企业在研发和创新方面投入了更多资源。企业可以通过内部研发记录和市场发布信息来统计新产品的数量。

（4）新产品的销售额。新产品的销售额是衡量新产品市场表现的重要指标。高销售额表明新产品在市场上受到了广泛认可和欢迎，能够为企业带来可观的收入。企业可以通过销售数据分析和市场反馈来评估新产品的销售额，并与预期目标进行比较，了解新产品的市场表现。

（5）新产品的利润。新产品的利润是指新产品在销售过程中产生的净利润。该指标能够反映新产品的经济效益和市场竞争力。高利润表明新产品在市场上具有较强的吸引力和价格竞争力。企业可以通过成本分析、销售数据和财务报表来评估新产品的利润情况，并根据结果优化产品定价和成本控制策略，提升新产品的营利能力。

（6）新产品占总销售量的百分比。新产品占总销售量的百分比是指新产品在企业总销售量中所占的比例。该指标能够反映新产品对企业整体销售业绩的贡献程度。较高的比例表明新产品在企业销售结构中占据重要地位，具有较强的市场潜力。企业可以通过销售数据分析来计算新产品占总销售量的百分比，并根据结果调整产品开发和市场推广策略，优化产品组合和资源配置。

4.财务绩效维度的营销绩效评价指标

（1）销售额。销售额是衡量企业在一定时间内通过销售产品或服务所获得的总收入。它是反映企业市场表现和市场份额的直接指标。销售额的增长通常表明市场需求旺盛和营销策略有效。企业可以通过销售记录和财务报表来统计销售额，并通过市场分析了解销售趋势。

（2）利润。利润是企业在扣除所有成本和费用后的净收入，是衡量企业经济效益的关键指标。高利润表明企业在市场竞争中具有较强的营利能力和成本控制能力。企业可以通过财务分析和成本控制手段来优化利润结构，确保营销活动带来可观的经济回报。

（3）市场营销费用。市场营销费用是企业为推广产品或服务而投入的各种成本，包括广告费、促销费、渠道费用等。合理的营销费用有助于提升品牌知名度和市场渗透率，但过高的费用可能会侵蚀企业利润。企业需要通过预算管理和费用控制，确保市场营销费用的有效使用。通过评估市场营销费用的投入产出比，企业可以优化资源配置，提高营销活动的效率和效果。

（4）折扣率。折扣率是企业在销售过程中提供给客户的折扣比例，是影响销售额和利润的重要因素。高折扣率可能会刺激销售增长，但也可能导致利润率下降。企业需要平衡折扣率与销售量之间的关系，通过市场分析和价格策略优化，制定合理的折扣政策。有效的折扣策略可以吸引新客户，增加销售额，同时保持合理的利润水平。

（5）新顾客的利润。新顾客的利润是指通过吸引新客户所获得的净利润。这个指标能够反映企业市场拓展和新客户开发的效果。企业可以通过分析新客户的购买行为、生命周期价值和获取成本，评估新顾客的营利能力。

（6）获得新顾客的成本。获得新顾客的成本是企业为吸引一个新客户所花费的平均成本，包括广告费、促销费、销售费用等。较低的获取成本意味着企业在新客户开发方面具有较高的效率和竞争力。企业可以通过优化营销渠道、提高广告投放的精准度和加强客户关系管理，降低新顾客的获取成本，从而提升整体的营销效益。

（7）品牌的获利能力。品牌的获利能力是指品牌为企业带来的直接和间接经济效益，包括品牌溢价、品牌忠诚度和品牌延伸等方面。高品牌获利能力表明企业在市场上具有较高的品牌价值和市场影响力。企业可以通过品牌评估、市场调研和财务分析，了解品牌对企业营利的贡献，并通过品牌建设和推广策略提升品牌的获利能力。

第三节　推进营销人才队伍建设

在数字经济时代，企业市场营销的成功不仅依赖于先进的技术，还需要一支高素质的营销人才队伍。推进营销人才队伍建设，对于企业提升市场竞争力和实现可持续发展至关重要。

一、招聘优秀营销人才

（一）拓宽招聘渠道

1.校园招聘

校园招聘作为企业招聘的重要方式之一，不仅能够为企业注入新鲜血液，还能培养一批具有潜力的未来营销人才。通过校园招聘，企业可以直接接触到即将进入职场的大学毕业生，提前发掘并培养符合企业需求的优秀营销人才。在校园招聘中，企业可以采取以下具体措施。

（1）定向合作。企业与高校建立定向合作关系是吸引优秀毕业生的关键。通过与知名财经类高校签订合作协议，企业可以在校内开展多种形式的合作活动，如企业开放日、职业生涯规划讲座、课程合作等。这些活动不仅能够提高企业在学生中的知名度和吸引力，还能让学生深入了解企业文化和发展前景。企业可以参与高校的课程设置，提供实际案例和项目，让学生在校期间就能接触到企业的实际业务和工作模式。定向合作还包括设立企业奖学金和助学金，鼓励和支持优秀学生完成学业，增强他们对企业的好感和认同感。通过长期稳定的合作关系，企业可以提前发掘和培养符合自身需求的营销人才，为未来的人才储备打下坚实基础。

（2）开设实习项目。开设实习项目是企业在校园招聘中吸引优秀人才的重要手段。企业可以通过提供丰富的实习机会，让在校生在实际工作中积累经验、提升技能。实习期间企业可以对学生进行全面考察，筛选出符合企业需求的优秀人才，为其提供正式的就业机会。为了吸引更多优秀学生参与实习，企业应设计有吸引力的实习计划，包括明确的工作内容、指导和反馈机制以及合理的薪酬待遇。企业还可以与高校合作，将实习项目纳入学分体系，让学生在实习期间不仅能获得实践经验，还能取得学业上的进步。通过系统化、专业化的实习项目，企业可以提前锁定并培养一批高潜力的营销人才。

（3）参与校园招聘会。校园招聘会是企业展示自身形象、吸引优秀毕业生的重要平台。企业应积极参加由高校或相关机构组织的各类招聘会，通过设立展位、准备宣传资料，向学生详细介绍企业的文化、发展前景和招聘需求。为了提高招聘会的效果，企业应精心策划参展活动，如安排企业高管或人力资源负责人现场讲解，组织互动问答环节，甚至可以进行现场初试或面试，快速筛选出合适的候选人。此外，企业还可以利用招聘会的平台，与其他参展企业和高校建立联系，了解行业招聘动态和人才需求趋势，为完善自身的招聘策略提供参考。通过积极参与校园招聘会，企业不仅能够扩大在学生中的影响力，还能高效地甄选出一批符合企业需求的优秀毕业生。

（4）利用校友资源。校友作为曾经的学生，对母校的情况和学生的需求有深入的了解，他们在企业和学校之间可以起到桥梁作用。企业可以通过校友会、校友活动等方式，与校友保持密切联系，邀请校友回校分享职业经验和发展心得，提升企业在学生中的知名度和美誉度。校友在企业的成功经历和积极评价，能够增强在校学生对企业的信任和向往，吸引更多优秀学生加入。此外，校友还可以推荐和引荐符合企业需求的毕业生，提供可靠的人才来源。企业可以建立校友推荐机制，给予成功推荐的校友一定的奖励或荣誉，激励更多校友参与招聘工作。通过有效利用校友资源，企业不仅能够在校园招聘中取得事半功倍的效果，还能构建起一个长期、稳定的人才输送渠道。

2. 职业介绍

职业介绍是通过专业的人力资源服务机构或猎头公司，寻找并引进具备丰富经验和专业技能的营销人才。职业介绍的优势在于其具有针对性和高效性，能够帮助企业快速找到符合要求的候选人。具体措施如下。

第一，选择有良好信誉和丰富经验的猎头公司，定期沟通企业的招聘需求和岗位要求，委托猎头公司进行精准的人才搜寻和推荐。猎头公司拥有广泛的人才库和专业的评估体系，能够为企业提供高质量的候选人。猎头公司通过其庞大的数据库和行业内的深厚人脉，可以迅速找到符合企业特定需求的营销专家。与猎头公司建立长期合作关系，有助于企业在需要时迅速获得优秀的营销人才，保持业务的持续增长。

第二，积极参与行业招聘会和专业人才市场活动，通过面对面交流和现场面试，快速筛选和确定合适的候选人。这种方式不仅可以让企业直接与求职者进行沟通，全面了解其职业背景和能力素质，还能展示企业文化和发展前景，吸引更多高素质的营销人才。行业招聘会通常聚集大量业内专业人士，是企业扩展人才库和提升品牌形象的绝佳平台。此外，通过参与这些活动，企业还可以了解最新的行业趋势和人才市场动态，优化自身的招聘策略。

第三，鼓励现有员工推荐优秀的营销人才，设立推荐奖励机制，充分利用员工的社交网络和行业资源，吸引更多高素质人才加入企业。内部推荐不仅成本低、效率高，还能通过员工的口碑宣传，提升企业的吸引力。员工推荐往往能够提供可靠的候选人信息，并且推荐人对被推荐人的背景和能力有较为深入的了解，这有助于降低招聘风险。通过建立健全的推荐激励机制，企业可以激发员工的推荐积极性，形成良性循环，持续优化人才队伍。

3. 社交网络招聘

随着互联网和社交媒体的普及，社交网络招聘已成为招聘优秀人才的重要方式之一。企业可以通过社交网络平台发布招聘信息，扩大招聘范围，吸引更多潜在候选人。具体措施如下。

第一，在专业社交平台上发布招聘信息，通过精准的职位描述和企业介绍，吸引符合条件的营销人才。同时，可以通过平台的推荐和搜索功能，主动联系潜在候选人，进行一对一的沟通和面试安排。

第二，在企业官网和微信公众号上设立招聘专栏，定期更新招聘信息和企业动态，加大企业的品牌宣传力度。通过企业自媒体平台，建立与求职者的直接联系渠道，提高招聘信息的传播效果。

第三，参与或举办网络招聘会和直播招聘活动，通过线上宣讲和互动交流，向求职者全面展示企业的工作环境和发展机会，吸引更多优秀营销人才关注和应聘。

（二）制定严格的招聘要求，提前筛选人才

为了确保企业招聘到高素质的营销人才，必须对招聘人员制定严格的要求，并在招聘过程中提前进行筛选。这样可以确保新招聘的营销人员具备相关专业背景和实际工作能力，为企业的市场营销发展提供有力支持。

1. 明确招聘要求和标准

（1）明确岗位职责和核心技能要求。企业需要明确每个营销岗位的具体职责和核心技能要求。岗位职责应包括该职位在企业营销策略中的具体作用、日常工作内容、所需完成的目标和任务等。核心技能则应涵盖专业知识、技术能力和软技能。例如，数字营销专员需要具备 SEO/SEM 知识、数据分析能力和社交媒体管理经验，而市场分析师则需要擅长市场调研、竞争分析和战略规划。通过详细描述岗位职责和核心技能，企业可以制定出清晰的招聘要求，有助于候选人理解职位需求并自我评估是否匹配。

（2）设定学历和工作经验门槛。为了确保候选人具备足够的专业知识和工作经验，企业应设定明确的学历和工作经验门槛。对于不同级别的营销岗位，学历和经验要求应有所区别。例如，初级营销职位只需要本科及以上学历和 1 ～ 2 年相关工作经验，而高级营销经理职位则可能要求硕士学位和 5 年以上的行业经验。此外，企业可以考虑优先录取具有相关专业背景（如市场营销、商务管理、广告学等）和知名企业工作经历的候选人。这种设定有助于筛选出具备扎实理论基础和丰富实践经验的高质量候选人。

2. 进行多层次筛选和评估

在招聘过程中，企业应采取多层次的筛选和评估方式，以全面考察应聘者的专业背景和实际工作能力。具体步骤如下。

（1）简历筛选。简历筛选是招聘流程的初步环节，目的是快速过滤不符合基本要求的候选人。企业需要制定详细的简历筛选标准，重点关

注应聘者的教育背景、工作经验、职业成就和技能证书等信息。例如，企业可以优先考虑拥有相关专业学历和丰富实践经验的候选人，同时对其在过往工作中的项目成果和职业成就进行初步评估。通过严格的简历筛选，企业能够确保进入下一轮的候选人具备基本的资格和潜力。

（2）电话或视频面试。简历筛选通过后，企业可以进行电话或视频面试。这一步主要用于进一步了解候选人的职业动机、基本技能和沟通能力。面试官可以通过问询候选人的职业经历、具体职责和取得的成就，判断其是否符合岗位需求。此外，通过情景问题和行为面试问题，面试官可以初步评估候选人的应变能力和解决问题的能力。电话或视频面试不仅能节省时间和成本，还能筛选出真正有潜力的候选人进入下一轮深入评估。

（3）专业技能测试。为了全面评估候选人的专业能力，企业可以设计一系列专业技能测试。这些测试应根据具体岗位的要求进行定制，如数据分析、市场调研、营销策划等。例如，企业可以让候选人分析一组市场数据，并提出相应的营销策略，或者设计一个营销活动的详细方案。通过专业技能测试，企业可以直接观察候选人的实际操作能力和专业水平，确保其具备胜任岗位的基本技能。

（4）情景模拟和案例分析。情景模拟和案例分析是评估候选人实际工作能力的有效方法。企业可以设计一些与岗位相关的实际工作场景或案例，让候选人进行分析和决策。例如，企业可以提供一个市场营销项目的背景资料，让候选人制订详细的项目计划并进行陈述。通过这种方式，企业不仅能评估候选人的战略思维和解决问题的能力，还能观察其在压力下的表现和团队协作能力。情景模拟和案例分析能够帮助企业全面了解候选人的综合素质和实践能力。

（5）背景调查和参考核实。背景调查和参考核实是招聘流程的最后一步。企业应对候选人的教育背景、工作经历和职业评价进行全面核实，确保信息的真实性和准确性。企业可以联系候选人的前任雇主或推荐人，了解其在过往工作中的表现和职业品德。例如，企业可以询问候选人在团队中的表现、完成的主要项目和取得的成就，以及其职业道德和工作态度。通过背景调查和参考核实，企业可以有效降低招聘风险，确保选拔出的候选人具备真实的能力和良好的职业素质。

二、健全人才培训机制

加强对营销人才的培训，提升其专业能力和综合素质，是构建高效营销团队的重要策略。

（一）培训需求分析

培训需求分析是一个系统化的过程，它是通过对企业内部和外部环境的全面调查和分析，识别营销人员在知识、技能和态度方面的差距，确定培训需求的具体内容和目标。其主要目的是了解企业在实现战略目标过程中，营销人员需要提升的能力和知识，从而制订有针对性的培训计划，提高员工的工作绩效和企业的市场竞争力。

1. 培训需求分析的作用

培训需求分析在企业培训工作中具有重要作用。首先，它能够帮助企业明确培训的必要性，确保培训资源的合理分配和有效利用。通过分析，企业可以发现哪些问题可以通过培训来解决，避免盲目培训和资源浪费。其次，培训需求分析能够提高培训的针对性和有效性。通过详细的需求分析，企业可以设计出切合实际的培训内容和形式，使培训更具有实用性和可操作性。最后，培训需求分析还能提升员工的工作满意度和参与度。通过了解员工的培训需求，企业可以制订出更符合员工期望的培训计划，增强员工的学习动力和积极性。

2. 培训需求分析的方法

培训需求分析的方法多种多样，常用的包括访谈、观察和问卷调查等。

访谈是一种直接而有效的需求分析方法，通过与员工、主管和其他相关人员进行面对面的交流，了解他们对培训的看法和需求。访谈可以深入了解员工在实际工作中的困惑和挑战，获取第一手的信息和反馈。访谈的形式可以是个人访谈，也可以是小组访谈，根据具体需求灵活选择。

观察是指通过实际观察员工的工作行为和绩效，发现他们在知识和技能方面的不足之处。这种方法适用于了解员工在工作中的实际表现和存在的问题，尤其是在现场工作环境中。观察法能够提供真实、直观的信息，有助于识别培训需求的具体内容和方向。

问卷调查是一种常用的培训需求分析方法，通过设计结构化的问卷，收集员工对培训需求的意见和建议。问卷调查可以覆盖广泛的人群，获取大量的数据和信息，有助于进行系统化的分析和总结。问卷调查的设计应简洁明了，问题应具有针对性和代表性，确保数据的有效性和可靠性。

（二）制订培训计划

企业应根据营销人员的不同需求和职业发展阶段制订培训计划，以确保每位员工都能在各自的岗位上实现最佳绩效。制订培训计划应从以下几个方面入手。

1.明确培训目标

在制订培训计划之前，企业需要明确培训的具体目标和预期成果。这些目标可以包括提升员工的专业知识、技术技能、管理能力和综合素质。例如，对于初级营销人员，培训目标可以侧重于基础知识和技能的掌握；对于高级营销人员，则可以侧重于战略思维和领导能力的提升。明确的培训目标能够指导培训内容的设计和实施，确保培训具有针对性和有效性。

2.确定培训时间

合理的时间安排能提高营销人员的参与度和培训的有效性，确保培训目标的实现。

确定培训时间要考虑以下几点。

第一，考虑企业运营和员工工作安排。在确定培训时间时，企业需要充分考虑整体运营情况和员工的工作安排。避免在业务高峰期或关键项目实施期间进行培训，以免影响工作进度和业务运作。同时，应尽量选择员工工作负荷较轻的时间段，如淡季或业务相对平稳的时期，确保员工能够全身心投入培训。

第二，合理规划培训周期和频率。培训时间的规划应科学合理，既要保证培训的系统性和连续性，又要避免时间过于集中导致员工疲劳。企业可以根据培训内容的复杂程度和员工的接受能力，合理安排培训周期和频率。例如，基础知识培训可以安排在入职初期，技能提升培训则可以分阶段、分模块进行，确保员工有足够的时间消化和吸收所学内容。

第三，灵活安排培训时间。企业可以根据培训内容和形式，选择适合的时间安排。例如，短期培训可以安排在工作日的下午或周末，而长期培训则可以利用员工的空闲时间，如午休时间、下班后或节假日。灵活的时间安排能够提高员工的学习积极性和参与度，确保培训效果。

3. 设计培训内容

培训内容应与培训需求和目标相匹配。具体包括以下几种。

（1）基础知识培训。涵盖市场营销基础知识、产品知识、客户服务技巧等，帮助新员工掌握必要的基础技能。

（2）专业技能培训。包括市场分析与策略制定、品牌管理、数字营销、数据分析等高级课程，提升员工的专业深度和广度。

（3）管理能力培训。针对中高级管理人员，设计领导力、团队管理、决策能力等方面的培训课程。

（4）定制化培训。根据员工的个人职业发展需求，设计个性化的培训内容，使每位员工都能在各自的岗位上实现最佳绩效。

4. 选择培训师资

在选择培训师资时，需要考虑以下因素。

第一，培训师的专业知识与技能。培训师必须在其培训领域内拥有深入的理论知识和丰富的实际操作经验。对于市场营销培训师，他们需要掌握最新的市场营销理论、数字营销工具、数据分析方法等，并且有成功的项目经验可以分享。

第二，培训师的教学能力与技巧。优秀的培训师不仅需要具备专业知识，还需要能够清晰、有效地传递这些知识。评估教学能力可以通过试讲、教学演示和学员反馈来进行。培训师应具备良好的沟通表达能力，能够运用多样化的教学方法来吸引学员的注意力，提升培训的参与度和互动性。此外，培训师还应具备课堂管理和应变能力，能够根据学员的反馈和课堂情况，灵活调整教学内容和进度。

第三，培训师的实战经验。具有丰富实战经验的培训师可以结合真实案例和工作场景进行教学，使学员能够更好地将理论知识应用于实际工作中。例如，一个有丰富市场营销经验的培训师，可以分享他在实际项目中遇到的问题和解决方案，为学员提供宝贵的实战指导。

（三）内部培训与外部培训相结合

1.加强内部培训

为了提高营销人员的专业技能和综合素质，企业应加强内部培训，从多个角度系统化、专业化地开展培训。

（1）内部讲师授课。内部讲师授课是提升员工专业知识的重要方式。企业可以选拔具备丰富实践经验和深厚理论知识的内部专家和资深员工担任讲师，定期为员工开设专业知识培训课程。通过内部讲师的授课，员工不仅能够系统学习市场营销的理论知识，还能了解到这些知识在实际工作中的应用技巧和案例。这种方式不仅成本低，而且能够确保培训内容与企业实际需求紧密结合，提高培训的针对性和实效性。

（2）内部资源共享。企业可以建立内部知识库、在线学习平台和营销资料库，汇集和整理各类专业知识、培训资料、案例分析和行业报告，供员工随时查阅和学习。通过内部资源共享，员工可以根据自身需求，自主选择学习内容和学习进度，提升学习的灵活性和自主性。企业应定期更新和完善资源库内容，确保员工能够获取最新的行业动态和知识，保持专业知识的时效性和前沿性。

（3）模拟实际工作场景进行实战演练。模拟实际工作场景进行实战演练是提高营销人员实战能力和应变能力的重要方式。这种方法通过模拟真实的市场营销环境和业务场景，让员工在接近实际的条件下进行操作和决策，从而提升他们的实践技能和解决问题的能力。企业可以设计一系列模拟项目和情景，如市场调研、广告策划、产品推广、客户谈判等，让员工在模拟环境中体验和处理各种实际工作中的挑战。通过这种方式，员工可以在实践中应用所学知识，发现自身的不足和提升点，并在不断的实战演练中逐步提高。此外，实战演练还能帮助员工培养团队合作和沟通协调能力。在模拟项目中，员工通常需要组成团队，协同完成各项任务。通过这种方式，员工可以在实践中体会到团队合作的重要性，学会有效沟通和分工合作，提升团队协作能力。企业还可以在实战演练中设置突发情况和紧急任务，锻炼员工的应变能力和决策能力，帮助他们在面对实际工作中的不确定性和复杂性时，能够迅速作出正确判断和行动。

（4）参与实际项目的管理和执行。通过直接参与企业的实际市场营销项目，员工可以在真实的工作环境中积累经验，学会应对实际问题和挑战。企业可以将员工分配到不同的项目团队中，让他们承担具体的职责和任务，如市场调研、活动策划、推广执行等。在实际项目的管理和执行过程中，员工有机会与各类专业人士合作，从而拓宽他们的视野和知识面。通过跨部门的协作，员工可以更全面地了解市场营销工作的全流程和各环节的相互作用，增强他们的整体把控能力。此外，实际项目的参与能够锻炼员工的领导力和项目管理能力。在项目管理和执行中，员工可能需要领导小团队或负责某个子项目的推进，这对他们的组织协调能力、时间管理能力和领导力提出了更高的要求。通过不断参与和管理实际项目，员工可以在实践中提升自己的管理能力和领导力，逐步成长为企业的核心人才。

2. 强化外部培训

通过引入外部资源，企业可以为营销人员提供更广泛、更深入的学习和发展机会。

（1）鼓励营销人员参加行业研讨会和专业论坛。参加行业研讨会和专业论坛是营销人员获取最新行业动态和先进理念的重要途径。这些活动会聚了行业内的专家、学者和从业人员，为营销人员提供了一个交流和学习的平台。通过参与这些活动，营销人员可以了解到最新的市场趋势、技术创新和成功案例，拓宽视野和知识面。此外，行业研讨会和专业论坛还提供了丰富的交流机会，营销人员可以与同行进行互动，分享经验和观点，建立广泛的职业网络。企业应鼓励和支持员工定期参加这些活动，保持对行业前沿的敏锐洞察，提升自身的专业水平。

（2）鼓励营销人员参加外部培训课程和认证项目。外部培训课程和认证项目是提升营销人员专业技能和资质的重要手段。企业可以与知名培训机构和大学合作，提供专业化、系统化的培训课程，如数字营销、数据分析、品牌管理等领域的深度学习。此外，企业还可以资助员工参加国际认证项目，以提升员工的专业资质和市场竞争力。通过系统的外部培训和认证，员工不仅能够掌握先进的专业技能，还能获得权威认证，增强自信和职业发展动力。

（3）组织营销人员进行企业间交流和考察学习。企业间的交流和考察学习是营销人员了解不同企业运作模式和成功经验的重要方式。企业可以组织员工前往其他优秀企业进行考察和交流，学习其先进的管理理念、市场策略和运营模式。这种实地学习能够提供直观的经验和启示，帮助员工更好地理解市场营销的实际操作和成功要素。此外，企业还可以邀请行业内的知名专家和成功企业家来公司讲座和分享，让员工近距离接触和学习他们的经验和智慧。通过企业间的交流和考察学习，营销人员能够吸收和借鉴他人的成功经验，提升自身的实践能力和创新思维。

（四）建立培训评估和反馈机制

建立完善的评估和反馈机制是确保培训计划有效实施的保障，具体步骤如下。

（1）培训效果评估。通过知识测试、技能考核、实践操作等方式，评估员工在培训后的变化和进步。

（2）员工反馈收集。定期收集员工对培训内容、形式、讲师等方面的反馈，了解员工的真实感受和建议。

（3）持续改进优化。根据评估结果和员工反馈，及时调整和优化培训内容和方法，确保培训计划始终与企业的发展需求和员工的成长需求相匹配。

（4）跟踪培训成果。通过绩效评估、工作表现观察等方式，跟踪员工在实际工作中的应用情况，确保培训成果能够有效转化为实际工作能力。

三、完善营销人员职业规划和晋升路径

为营销人员制定职业规划和激励机制，提供良好的发展平台和晋升路径，是提升营销人员素质、激发其工作积极性的重要举措。通过这项措施，企业能留住高素质的营销人才。

（一）制订营销人员职业规划

第一，企业应为营销人员提供个性化的职业规划指导服务，帮助他们根据个人兴趣、能力和职业目标，制订适合的职业发展规划。职业规划指导可以通过职业咨询、职业测试、职业规划工作坊等形式进行，确保营销人员在制订职业规划时充分考虑自身特点和市场需求。

第二，企业应提供各种职业规划工具和资源，帮助营销人员进行自我评估和职业规划。例如，职业发展手册、职业规划软件、在线职业规划资源等，可以为营销人员提供系统化的职业规划指导和支持。此外，企业还可以定期组织职业规划讲座和分享会，邀请业内专家和成功人士分享职业发展经验和建议，激发营销人员的职业发展动力。

第三，企业在为营销人员制订职业规划时，应充分考虑企业的发展战略和业务需求，确保个人职业规划与企业发展目标相一致。例如，企业在进行新业务拓展和组织变革时，可以优先考虑内部营销人员的晋升和调动，为他们提供更多的职业发展机会。通过将个人职业规划与企业发展相结合，企业可以实现人尽其才，提升整体竞争力。

（二）明确营销人员晋升路径

1.设立晋升标准

设立晋升标准，可以帮助营销人员了解晋升的具体要求，激发其工作积极性和进取心。晋升标准的设立要考虑以下几点。

（1）晋升标准必须明确、具体，避免模糊不清。第一，详细列出每个晋升阶段所需的专业技能和知识。第二，设定具体的绩效考核指标，如工作效率、准确率、创新能力等，确保员工清楚地了解如何衡量其工作表现。

（2）晋升标准应具有公平性和一致性。晋升标准必须公平、公正，适用于所有员工，避免因个人偏见或特殊关系而影响晋升决定。

（3）晋升标准应具有可衡量性和可操作性。设立的晋升标准必须具备可衡量性和可操作性，使员工能够通过努力达到这些标准。

（4）晋升标准应具有灵活性和适应性。虽然晋升标准需要明确和具体，但也应具备一定的灵活性，能够根据企业发展和市场变化进行调整。第一，定期评审和更新晋升标准，确保其与时俱进，适应企业的发展需求和市场变化。第二，允许在特殊情况下，对某些员工的晋升标准进行适当调整，使优秀营销人才不因标准过于僵化而失去晋升机会。

（5）晋升标准应具有透明性，并与员工沟通。晋升标准应公开透明，并通过有效的沟通让所有员工了解和理解。第一，将晋升标准通过企业内部平台或公告发布，让所有员工都能清楚了解。第二，通过培训、会议、邮件等方式，与员工进行充分沟通，确保他们理解晋升标准和评估机制。

（6）晋升标准应具有激励性和导向性。晋升标准应具有激励作用，能够引导员工朝着企业发展目标和社会主义核心价值观努力。

2.建立科学的晋升评估机制

建立科学的晋升评估机制，是确保营销人员职业发展公平、公正的重要保障。通过定期、客观和全面的评估，企业可以准确评估营销人员的工作表现和职业发展情况，确保晋升机会的公平性。

（1）定期评估。企业应定期对营销人员进行工作表现和职业发展的评估，通常每半年或每年一次。定期评估可以及时发现营销人员的优点和不足，帮助其改进工作表现，明确职业发展方向。同时，定期评估还可以为晋升提供及时的依据，确保晋升决策的时效性。

（2）多维度评估。科学的晋升评估机制应包含多个维度的评估指标，包括工作绩效、专业技能、领导能力和团队合作等。通过多维度的评估，可以全面了解营销人员的综合素质，确保晋升决策的全面性和准确性。例如，工作绩效评估可以通过关键绩效指标来衡量，专业技能评估可以通过技能测试或专业认证来进行，领导能力评估可以通过360度反馈等方式进行。

（3）保持评估的客观性和公正性。企业可以通过引入第三方评估、设立评估委员会等方式，确保评估过程的透明和公正。例如，引入外部专家进行技能测试和评估，设立由多部门代表组成的评估委员会进行综合评估和决策。

参考文献

[1] 金江军.数字经济引领高质量发展 [M].北京：中信出版社，2019.

[2] 申雅琛.数字经济理论与实践 [M].长春：吉林人民出版社，2022.

[3] 唐晓乐，刘欢，詹璐遥.数字经济与创新管理实务研究 [M].吉林人民出版社，2021.

[4] 毛丰付，娄朝晖.数字经济技术驱动与产业发展 [M].杭州：浙江工商大学出版社，2021.

[5] 易高峰.数字经济与创新管理实务 [M].北京：中国经济出版社，2018.

[6] 赵君，杜伟.市场营销基础 [M].西安：西安电子科技大学出版社，2024.

[7] 陆生堂，卫振中.数字经济时代下企业市场营销发展研究 [M].太原：山西经济出版社，2021.

[8] 罗书俊.数字营销传播理论与实务 [M].南昌：江西高校出版社，2016.

[9] 程明，钱广贵.数字营销传播经典案例教程 [M].北京：中国建筑工业出版社，2016.

[10] 阳翼.数字营销传播：思维、方法与趋势 [M].广州：暨南大学出版社，2015.

[11] 刘鑫.国有企业市场营销的创新模式 [M].天津：天津科学技术出版社，2023.

[12] 宋爽.数字经济概论 [M].天津：天津大学出版社，2021.

[13] 顾明毅.未来广告：中国广告业未来发展与数字营销传播前瞻（2025—2035）[M].上海：上海远东出版社，2022.

[14] 刘立丰，王超，王越.数字营销传播实务 [M].北京：光明日报出版社，2015.

[15] 王晓明，王蕾.数字营销用户分析 [M].北京：北京理工大学出版社，2021.

[16] 王晓明，陈华.数字直播营销 [M].北京：北京理工大学出版社，2021.

[17] 杨家诚.数字化营销 [M].北京：中华工商联合出版社，2021.

[18] 徐同谦.数字营销策划与创意 [M].北京：科学出版社，2024.

[19] 李纯青，刘伟.数字营销前沿探析 [M].北京：中国经济出版社，2023.

[20] 程明.数字营销传播导论 [M].武汉：武汉大学出版社，2022.

[21] 丁明华，孔磊.数字营销技术分析与应用 [M].北京：北京理工大学出版社，2023.

[22] 韩红梅，王佳.数字营销基础与实务（微课版）[M].北京：人民邮电出版社，2023.

[23] 周茂君.数字营销概论 [M].北京：科学出版社，2019.

[24] 窦文宇.内容营销数字营销新时代 [M].北京：北京大学出版社，2021.

[25] 徐立萍，程海燕.数字营销产品设计 [M].南京：南京大学出版社，2019.

[26] 李小曼，李明，余晓莉.数字营销策划与创意 [M].北京：中国建筑工业出版社，2016.

[27] 王浩.数字营销实战 [M].北京：电子工业出版社，2016.

[28] 郭晶晶，王晶.数字经济背景下中小企业市场营销策略的分析 [J].商场现代化，2024（11）：68-70.

[29] 李宗梅.数字经济背景下企业市场营销策略转变研究 [J].商场现代化，2024（8）：49-51.

[30] 陈媛.数字经济背景下化工企业市场营销战略创新思维研究 [J].塑料工业，2024，52（3）：183.

[31] 郭献山.数字经济背景下中小企业市场营销数字化转型研究 [J].江苏科技信息，2023，40（36）：50-53.

[32] 刘莎.数字经济时代企业营销战略创新路径探索 [J].商场现代化，2023（21）：49-51.

[33] 贾红霞.数字经济时代企业营销管理的思考与实践 [J].现代商业研究，2023（7）：43-45.

[34] 邢雯婷.数字经济背景下企业市场营销模式创新研究 [J].商业观察，2023，9（22）：21-24，28.

[35] 祁连荣.数字营销背景下技工院校市场营销专业人才培养体系的研究 [J].职业，2023（14）：66-68.

[36] 李小青.新时代数字营销人才的需求分析 [J].商展经济，2023（12）：145-148.

[37] 郭晓梦.数字营销模式下新零售企业营销策略探析 [J].商场现代化，2024（14）：60-62.

[38] 李婉婷，杨欣.数字营销时代广告创意与传播技巧 [J].传媒论坛，2024，7（11）：49-51.

[39] 曾馨颖，杜冰冰.服装品牌数字营销与数字资产的关系——基于斐乐在微博数字营销的实证研究 [J].服装设计师，2024（6）：119-124.

[40] 姜智彬，黄琳雅.技术变革下的数字营销转向：前进中的智能广告研究 [J].传媒论坛，2024，7（10）：4-8.

[41] 陈科存.虚拟数字人在现代营销中的应用及风险管理 [J].商业观察，2024，10（15）：30-33.

[42] 张佳.数字经济赋能中小企业营销升级 [J].现代营销（下旬刊），2024（4）：50-52.

[43] 郭晨杰.智能技术在数字营销中的实现策略分析 [J].电子技术，2024，53（3）：276-277.

[44] 吴伟平.数字化时代市场营销战略与消费者行为分析[J].全国流通经济，2024（11）：26-29.

[45] 陈思璇.4R营销理论视角下孩子王数字化营销策略研究[J].投资与合作，2024（5）：175-177.

[46] 陈保华.数字化时代下汽车营销策略的优化与实践[J].老字号品牌营销，2024（10）：19-21.

[47] 陈芯仪.数字化时代企业市场营销的困境及创新方法研究[J].中国集体经济，2024（14）：90-93.

[48] 谢宾，何巧红.数字化转型下的体育产业营销策略研究——以酒类赞助为例[J].中国酒，2024（5）：54-55.

[49] 张浩.企业营销数字化转型综述[J].办公自动化，2024，29（10）：76-79.

[50] 林春海，李春平，陆玉婵，等.企业数字化背景下短视频在电子商务营销推广实践中的应用研究[J].中国商论，2024（9）：41-44.

[51] 王娟.基于客户关系管理理念的产品数字化营销创新路径探究[J].现代商业，2024（9）：82-85.

[52] 李锐，何里文，刘艳艳，等.数字化背景下企业营销业务信息化管理模式构建研究[J].中国管理信息化，2024，27（9）：92-95.

[53] 童庆飞，明新国，张先燏.企业数字化转型及营销体系研究[J].科技创新与应用，2024，14（12）：90-95.

[54] 王晓红.数字化背景下企业营销策略的创新与实践[J].营销界，2024（7）：47-49.

[55] 王浩海.论数字化时代基于物流供应链的企业营销策略[J].中国物流与采购，2024（6）：71-72.

[56] 郭晶，赵佳，马佳芬.山西农产品数字化营销实践与路径探索[J].生产力研究，2024（3）：62-66，161.

[57] 邓韫.营销4.0时代品牌营销的数字化转型策略研究 [J].老字号品牌营销，2024（4）：6-8.

[58] 潘建锟.数字化时代如何提高企业的营销效率[J].农机市场，2024（2）：26-27.

[59] 宗臻，钟颖.数字经济下企业品牌形象塑造的个案研究 [J].经济纵横，2024（2）：91-97.

[60] 尹东宇.数字化营销，精准挖掘顾客需求 [J].中国药店，2024（2）：78-79.

[61] 宋健恩，戴宇辰，温然，等.企业营销数字化对用户体验的影响机制研究 [J].老字号品牌营销，2024（3）：12-14.

[62] 周玉洁.数字化营销策略对中小企业竞争力的影响研究 [J].老字号品牌营销，2024（3）：33-35.

[63] 王文淑.基于扎根理论的奢侈品牌数字化营销实践模型构建 [J].时代经贸，2024，21（1）：137-143.

[64] 王小玲.全业务数字化营销管控体系建设实践 [J].中国电力企业管理，2023（35）：8-9.

[65] 杜竹莹.T食品公司营销数字化转型对策研究 [D].南昌：南昌大学，2023.

[66] 李健.数字经济时代下G眼镜公司新媒体营销策略研究 [D].南昌：南昌大学，2023.

[67] 乔祎彬.L公司营销管理数字化转型路径研究 [D].南宁：广西大学，2023.